Immanuel Kant

Erste Einleitung
in die Kritik der Urteilskraft

판단력 비판 첫 번째 서문

1판 1쇄 발행 2022년 12월 9일

지은이 | 임마누엘 칸트
옮긴이 | 이순예
발행인 | 신현부

발행처 | 부북스
주소 | 04613 서울시 중구 다산로29길 52—15, 301호
전화 | 02-2235-6041
팩스 | 02-2253-6042
이메일 | boobooks@naver.com

ISBN 979-11-91758-10-8 93160

판단력 비판

첫 번째 서문

임마누엘 칸트

이순예 옮김

부북스

목차

역자 서문

임마누엘 칸트의 3대 비판서 중 마지막 비판서인 『판단력 비판』을 무엇보다 예술을 이해하려는 마음에서 읽어보면, 이미 첫 장인 「조화미 분석론」 도입부에서 '미적인 것[das Ästhetische]'이란 무엇인가라는 물음에 답하는 분석적인 어휘들을 발견할 수 있다. 칸트는 조화미[das Schöne]를 우리의 두뇌에서 인식 능력들이 제각기 자신을 마음껏 발휘하다가 서로 합치점을 찾아 균형을 이루는 상태에 대한 자연계의 대응물이라고 규정하였다. 이 균형 상태를 의식한 주체가 즐거운 마음[쾌감, Lustgefühl]에서 지금 마주하고 있는 대상을 아름답다고 판단한다는 감식 판단[Geschmacksurteil, taste]과 조화미에 대한 개념 규정은, 인식 능력들의 자유로운 유희[freies Spiel]가 미적 영역에 고유한 속성임을 밝혀준다.

관행적으로 미학은 '아름다운 것에 관한 학문'이라고 정의되어 왔다. 여기에서는 여하튼 '감각을 다루는 학문이다'라는 요점이 불분명하지만, 명시되고 있기 때문에, 감각소[das Sinnliche]

와 논리소[das Logische] 사이의 쉽사리 해결될 수 없는 긴장이 우리가 몰두해야 할 문제임을 말해준다. 이 화두에 처음으로 학문[Wissenschaft]이라는 체계적 방법론을 사용하여 접근한 사람이 바움가르텐[Alexander Gottlieb Baumgarten]이었고, 그는 미학이란 감각적 인식에 관한 학문 [Wissenschaft der sinnlichen Erkenntnis]이라고 정의하였다. 이는 무엇보다 감각적인 것[das Sinnliche]의 인식 가능성 자체에 주목한 것으로서 계몽주의 감성 회복 운동과 맥을 같이하는 것이었다. 이렇게 하여 미학은 철학의 한 분과로 자리 잡아 위엄을 얻었지만, 다른 관점에서 보면 감각소가 논리소에 종속되는 결과를 얻었다. '미적' 긴장이 논리소의 전권하에서 해소되기 때문이다.

칸트의 독창적인 성과는 그가 이 특이하고도 언어로 설명하기에는 난감한 긴장을 긴장 자체는 해소하지 않으면서 철학 체계 안에서 개념을 통해 파악할 수 있도록 배치한다는 점이다. 구상력[Einbildungskraft]과 오성[Verstand]의 조화로운 합주[harmonisches Zusammenspiel]는 이 두 힘들이 모두 상대방에 얽매이지 않고 자율적일 때에만 일어난다. 아름다움은 미적 아우라를 등에 업고 인식으로 실현되는 대상의 속성이 아니다. 인식 능력들의 남다른 활동 즉 대상을 인식하는 일로부터 자유로운 자체 목적적 활동을 주체가 자신의 내면에서 의식[bewußt]한 결과이다. 바로 주체의 자기 회복에 다름 아니다.

I

하나의 체계[01]로서의 철학에 대하여

철학은 개념[02]을 통한 이성 인식의 **체계**라고 한다면, 이것만으로

---

01   체계[System]: 이성은 자신이 내용으로 가지고 있는 것들의 체계적 통일
성을 지향한다. 경험[Erfahrung] 인식으로 총체성에 도달하기가 불가능한 경
우에도 체계적 완결성을 추구하면서 체계의 이념에 따라 인식의 각 부분에 그
것이 통일된 질서 속에서 어떤 위치에 있게 될지 그 자리를 지정하는 일이 과
제로 남는다. 이성의 이념들은 체계의 통일성이 나아갈 방향을 제시하며 그리
하여 오성 범주들을 확대해 나간다. 인식의 가장 높은 목표는 해당 사건을 발
생시킨 원칙들이 이루는 하나의 체계적 질서이다. 실천 이성의 경우는 행위의
목적들에 대한 체계를 지향한다. 체계 관념은 가장 높은 곳에서 경험 질료들
전체의 통합을 조절해나간다. (R. Eisler, Kant-Lexikon, S. 524)

옮긴이 주 : 이 연구 번역본의 각주는 루돌프 아이슬러[Rudolf Eisler]의 칸트
사전을 바탕으로 작성되었다. 쪽수는 아이슬러 칸트 사전 내용에서 옮겨온 경
우, 독일어 S[Seite]. 다음 그 책의 쪽수를 숫자로 표기한다.

02   개념[Begriff]: 개념은 오성의 산물이며 오성의 자발적인 기능이다. 개념
은 다양하면서도 서로 연관되는 표상들을 포섭하는 통일된 단위인 바, 서로
연관되어짐이 통일을 이루도록 하는 규칙을 규정한다. 직관[Anschauung]이

도 이미 철학은 순수 이성 비판과 확연히 구분된다. 순수 이성 비판은 이성 인식의 가능성을 철학적으로 탐구한다는 내용을 담고 있기는 하지만, 철학 체계의 한 부분으로 귀속되지 않고, 그 무엇에 앞서 그 체계의 이념을 먼저 제시하고 검증한다.

이 체계를 구분하는 일은 일단은 형식[03]과 질료[04]에 따라서만 가능하다. 그중 첫 번째 부분[논리학Logik]은 사유의 형식을 규칙들이 이루는 하나의 체계라는 틀 속에서만 파악할 뿐이고, 두 번째 부분[실재적 부분reale Teil]은, 여기에서 사유의 대상들이 생각되니까, 개념들로부터 대상들에 대한 이성 인식이 가능한 경우에, 이 대상들을 체계적으로 고찰한다.

─────

없다면 개념은 '공허[leer]'하여 대상을 얻지 못한다. 거꾸로 개념이 없는 직관은 '맹목[blind]'으로 되어 어떤 객관적인 규정을 포함하지 못하게 된다. 직관과 개념이 함께해야만 비로소 하나의 객관적인 인식이 생긴다. 경험적 개념과 순수[선험적] 개념은 구분된다. 후자인 순수 오성 개념은 대상에 대한 사유의 형식만을, 경험의 가능성에 대한 조건만을 포함한다. 이 개념이 직관에 적용되기 위해서는 선험 도식[Schemata]이 필요하다. 오직 개념만으로는 사물의 실존은 절대로 성사되지 않는다. 순수 오성 개념들 역시 직관 질료들을 객관적인 경험으로 가공해내는 데만 기여할 뿐이고 현상에 대한 인식만을 제공할 뿐 물자체[Ding an sich]에 대한 인식은 제공하지 못한다(R. Eisler, Kant-Lexikon, S. 58).

03 formal.

04 material.

그런데 철학의 두 번째 부분인 이 실재적 체계 자체는 바로 그 객체들의 본원적[05] 차이에 따라, 그리고 이 차이 때문에 발생하는, 각 해당 학문이 지닌 원칙들[Prinzipien]의 본질적 다양성에 따라, 오직 이론 철학[06]과 실천 철학[07]으로 나뉜다. 사정은 이러하다. 이 실재 체계의 한 부분은 자연에 관한 철학이 되고 다른 부분은 윤리에 관한 철학이 될 수밖에 없는바, 그중 첫 번째 부분은 경험 원칙들도 포함할 수 있지만, 두 번째 부분은 (자유는 결코 경험의 대상이 될 수 없는 까닭에) 어디까지나 순수 선험[08]

---

05 ursprünglich.

06 이 부분 체계의 인식 가능성을 칸트는 『순수 이성 비판』에서 다루었다.

07 이 영역에 대한 탐구는 『실천 이성 비판』으로 정리되었다. 『순수 이성 비판』을 제1비판서, 『실천 이성 비판』을 제2비판서, 라고 칭한다. 『판단력 비판』은 제3비판서이다.

08 순수 선험(a priori): 기존의 철학에서는 "전적으로 개념을 통해서만, (개념 자체가 경험에서 비롯될 수 있는 것이기는 하지만) 경험에 앞서 경험 없이 오로지 사유를 통해서만 규정하는"이라는 의미를 지녔다. 그러다가 비판적 선험주의에 와서 의미가 약간 달라졌다. (시간적 심리적이지 않고) 논리적으로 경험에 선행하며 경험과는 무관하며 경험에 근거하지 않고 경험에서 추상된 것이 아니며 경험을 통해 주어지지 않고 경험에서 유래하지 않으며 경험과는 무관하게 얻어지고 관철되고 유효하며 스스로를 조건지운다는 맥락에서 사용된다. 선험적인 것에서는 인식하는(초월하는) 순수한 의식의 법칙성이 드러나는데, 바로 그런 한에서만 선험적인 것은 '주관적'이다. (R. Eisler, Kant-

원칙만을 포함할 수가 있다.

　그런데 세간에는 아주 중대한 오해, 그리고 학문을 할 때 크게 문제가 되는 오해가 있는데,[09] 우리가 **실천적**이라고 해야 할 때, 그러한 의미에서 파악한 사안을 **실천 철학**의 영역으로 간주할 만하다고 여기는 경우이다. 사람들은 정략과 국가 경제, 가정 관리의 규칙들, 사회생활의 규칙들, 심성과 육체를 다듬고 관리하는 지침들을 (그 온갖 영업 활동과 수완들은 왜 아니겠는가?) 모두 실천 철학의 대상에 포함시킬 수 있다고 믿으면서 이 것들이 실제로 실천적 명제[10]들의 어떤 총괄 개념을 포함하고 있기 때문이라고 이유를 대는 것이다. 그러나 이때의 실천적 명제들은 단지 표상 방식[11]에서 이론적 명제들과 구분될 뿐 내용에서

────────

Lexikon S. 38-39)

09　이 장에서 칸트는 자신이 '실천[praktisch]'이라는 용어를 어떻게 이해하는지 자세하게 밝히고 있다. 뒤이어 주해[Anmerkung]까지 덧붙여가며 시도한 칸트의 개념 정리에 따르면 우리가 통상적으로 이해하고 있는 실천이라는 말은 적용 혹은 응용[Anwendung]에 해당한다. 자유 의지와 관련된 행위만을 칸트는 실천이라 하였다.

10　Satz의 역어. Prinzip은 원칙으로 번역한다. 복수 명사를 사용하는 방식이 우리말과 꼭 일치하지 않으나, 원문에 복수로 된 경우는 가능한 그대로 복수 어미를 붙였다.

11　Vorstellungsart.

는 구분되지 않는다. 이 이론적 명제들은 사물들의 가능성과 그 규정들을 담고 있으므로, 구분할 수 있는 것은 오로지 **자유**를 법칙 아래서 고찰하는 명제들뿐이다. 그 나머지는 모두 사물의 본성[12]에 해당하는 것에 관한 이론으로 우리가 그 사물들을 어떻게 하면 하나의 원칙에 따라 산출할 수 있는가 하는 방법에 관련될 뿐인, 응용이라고 할 만한 것들이다. 즉 사물의 가능성이 이런저런 자의적인 행위(이 역시 자연 원인에 따르고 있기는 마찬가지이다)를 통해 표상되는 경우들이라 하겠다. 역학상의 문제가 풀리는 과정을 보기로 하자. 어떤 한 주어진 힘이 어떤 주어진 하중과 균형을 이루기 위해 지렛대에서 그 상응하는 지점을 찾는 일이 실천적 공식으로 표현되지만, 이 공식이 담고 있는 정식은 이론 명제 즉 '지렛대가 균형 상태에 있으려면 팔의 길이가 하중과 힘에 역비례 해야만 한다'와 다르지 않다. 그런데 이 역비례 관계가 가능한 것으로 표상되는 것은, 발생론적으로 따져보면, 그 규정 근거가 이 비율에 대한 **표상**(그런데 이는 우리의 자의[Willkür]이다)인 어떤 한 원인에 의지하여서일 뿐이다. 대상을 산출해내는 과정에 적용될 뿐인 실천적 명제들과 관련하여 사정은 모두 마찬가지이다. 행복을 촉진하는 지침들이 제시되는 경우를 보자. 만일 예를 들어 행복해지기 위해서는 당사자가

---

12   Natur der Dinge.

어떻게 해야 하는가를 두고 이야기하면, 자기 분수 알기, 격정적으로 되지 않도록 욕구들을 절제하기 등등 이와 같은 지침들, 즉 행복을 가능하게 하는 이런 내적 조건들을 단지 주체의 본성에 속하는 것으로서 제시한다, 그리하여 동시에 이 균형의 산출 방식이 우리 자신에 의해서 가능한 어떤 인과성으로서 상정될 뿐이다. 이렇게 보자면 결국, 이 모든 것은 우리 자신의 자연 본성(원인으로서의 우리 자신)의 이론과 관련하여 객체의 이론에서 직접 도출된 귀결로 표상되는 것이다. 여기에서 말하는 실천적 지침[13]은 어디까지나 그 공식이란 점에서는 이론적인 지침과 구분된다고 할 수 있을지 모르나 내용에 있어서는 구분되지 않는다.[14] 그러므로 어떤 근거들 그리고 그로부터 파생되는 결과들이

---

13 Vorschrift.

14 이렇게 서술해 나감으로써 칸트는 인간의 자연이 물리 세계와 동일한 자연법칙의 지배를 받는다는 사실을 확정한다. 자연은 인간에게 한 치의 유연성을 허락하지 않는 강제인 것이다. 따라서 주체는 외부 세계와 마찬가지로 자연법칙의 지배를 받는 현상계에 속하는 부분과 물자체인 예지계에 속하는 부분으로 나뉘게 된다. 칸트에 따르면 주체의 분열은 인간에게 심겨있는 인식 조건에 따라 선험적으로 설정된 것이다. 이론 이성과 실천 이성이 각각 독립된 영역에 대한 형이상의 지위에서 의식 활동을 통해 그 작용력을 발휘하기 때문이다. 제3비판서를 통해 칸트가 새롭게 발견하고 논증한 사실은 이처럼 선험적으로 분열된 두 영역을 판단력이 남다른 의식 활동을 펼침으로써 이어준다는 점이다. 이러한 칸트의 구도에 따르면 판단력의 활동이 없다면 주체는

어떤 관련을 맺고 있는지 고찰하기 위해서는 별도의 철학이 필요하지 않다. — 한마디로 말해 자연이 포함할 수 있는 것을 자의[Willkür]를 원인으로 삼아 도출해내는 실천적 명제들은 모두 자연에 대한 인식으로서 이론 철학에 속한다. 오로지 자유에 법칙을 부여하는 명제들만이 자신들의 내용에 따라 특수하게 이론 철학과 구분된다. 우리는 첫 번째 실천 명제들에 관해서는 그것이 **자연철학**의 실천적 부분을 이룬다고 말할 수 있다. 그러나 두 번째 경우들은 전적으로 하나의 독자적인 **실천 철학**의 근거를 마련한다고 말할 수 있다.

통일된 정체성을 확보하지 못한다. 이런 관점을 받아들여 '예술'이라는 독자적인 영역을 관리하면서 시민적 주체의 정체성 형성 기획을 사회화시켜온 서구 시민층의 노력에 대해서 우리는 새롭게 주목할 필요가 있다.

덧붙임 [Anmerkung]

철학을 그 부분에 따라 정확하게 규정하는 일은 중요하다. 그리고 그 목적에 따른 귀결이거나, 특수 원칙들을 전혀 필요로 하지 않는, 그때그때의 경우에 대한 결과의 적용일 뿐인 것을 체계로서 철학의 분과 안에 포함시키지 않는 것이 중요하다.

실천적인 명제들은 이론적인 명제들과 원칙에 따라서 아니면 결과들에 따라서 구분된다. 이 후자의 경우 실천적 명제들은 학문의 어떤 특수한 부분을 이루지 않으며, 이론적 부분에 속하게 된다. 이론 학문에서 나온 특수한 유형[15]의 결과들일 뿐인 까닭이다. 하지만 자연법칙들에 따르는 사물의 가능성과 자유의 법칙에 의한 사물의 가능성은 원칙들에 따라 본질적으로 다르다. 그러나 이 차이는 후자의 경우 의지에 원인이 있고, 전자는 의지의 바깥인 사물 자체에 원인이 놓여있기 때문에 나타나는 게 아니다. 그 까닭은 이러하다. 의지가 어떤 다른 원칙이 아니라 바로 이런 원칙들 즉 순전한 자연법칙들인 그 원칙들에 따라 대상

---

15 Art

이 가능하다는 사실을 오성이 간파하고 있는 바로 그런 원칙들을 추종하는 것이라면, 그렇다면 자의의 인과성에 의한 사물의 가능성을 포함하고 있는 명제가 그저 통상적으로 실천적 명제라고 일컬어지더라도, 이는 원칙에 입각하여 따져보면 이 명제는 사물의 본성에 해당하는 이론적 명제들과 전혀 구별되지 않고, 오히려 객체에 대한 표상을 현실 속에서 드러내 보여주기 위해서는 자신의 원칙을 사물의 본성에서 취해야만 하기 때문이다.

그러므로 내용 측면에서 보았을 때, (자의적인 행동을 통해) 표상된 어떤 객체의 가능성과만 관계하는 실천적 명제들은 온전히 이론적인 인식의 적용에 불과하며, 따라서 학문의 특수한 부분을 만들어내지 않는다. 따로 독립된 학문으로서의 실천적 기하학이란 허튼소리[Unding]에 불과하다. 물론 이 순수학문에 수많은 실천적 명제들이 포함되어 있으며, 그들 중 대부분이 해결을 보기 위해서는 어떤 특수한 지침이 필요한 문제들이라고 할지라도 그러하다. 주어진 하나의 직선과 직각을 사용해서 사각형을 구성하라는 과제는 실천적 명제이지만 이론에서 나오는 순전한 결과이다. 측량술은 실천적 기하학이라는 명칭을 절대로 따올 수 없고 기하학 일반의 특수한 부분이라 일컬어져도 안 되고, 그저 기하학 일반의 주석에 속한다고 보아야 한다, 다시 말

해 이 학문을 사업에 써먹는 경우라고나 해야 할 것이다.[16]

자연학[Wissenschaft der Natur]에서조차도, 즉 이 학문이 경험 원리에 근거하는 한에서 본래적인 의미에서 물리학이라고 할 수 있는 경우에서조차, 실험물리학이라는 미명하에 숨겨진 자연법칙들을 발견하기 위해서 마련한 실천적인 장치들을 자연철학의 한 부분으로서의 실천적 물리학(이 역시 허튼소리임은 마찬가지이지만)이라고 명명한다면 이는 결코 정당한 일이 아니다. 왜냐하면 우리가 실험을 시도할 때 따르게 되는 원리들은 언제나 스스로 자연의 인식에서, 즉 이론에서 취해지는 것이어야만 하기 때문이다. 바로 이 점은 우리 안에서 어떤 특정한 마음 상태[Gemützustand]를 자의적으로 불러일으키는 것과 관련된 실

16　(원주) 이 순수하고도 그렇기 때문에 숭고하기도 한 학문은 그것이 기초 기하학으로서 자신의 개념들을 구축하기 위해서 단지 두 가지 도구들을, 컴퍼스와 자를, 사용한다는 사실을 용인할 때 그 품위에 약간의 손상을 감수할 수밖에 없는 것처럼 보인다. 그러나 기하학은 이러한 구성만을 기하학적이라 부르고 반면에 상급 기하학의 구성은 역학적[mechanisch]이라고 하는데, 이 후자 즉 상급 기하학의 개념을 구축하기 위해서는 더 복합적인 기계가 필요하기 때문이다. 그렇다 해도 실질적인 도구들[컴퍼스와 자]을 기초 기하학의 도구들로 간주하지는 못한다. 이 도구들로 말하자면 상급 기하학적 도형들을 수학적 엄밀성에 따라 그려낼 수 있는 그런 것이 결코 아닌 바, 이 도구들은 그저 그 어떤 도구도 거기에 필적할 수 없는 선험 구상력[Einbildungskraft]의 가장 단순한 현시 양식을 의미하는 것이라고 보아야 할 것이다.

천적 지침에도 적용된다. (예를 들자면 구상력의 촉발이나 제어, 또는 탐하는 바를 충족하거나 약화시키는 일). 인간 본성에 대한 철학의 특수한 부분으로서의 실천적 **심리학**이란 존재하지 않는다. 왜냐하면 기예[Kunst]를 매개로 그런 상태를 가능하게 하는 원칙들은 우리가 규정을 내릴 가능성의 원칙들에 의해 우리 본성의 성질들로부터 얻어져야만 하기 때문이고, 그리고 비록 저 원칙들이 실천적 명제들 속에 거한다고 할지라도, 그래도 그 원칙들은 경험적 심리학의 실천적 부분을 구성하지 않는다. 왜냐하면 이 원칙들은 어떤 특수한 원칙들인 것이 아니라 그저 경험심리학의 주석에 속한다고 보아야 하기 때문이다.

실천적 명제들(그것이 순수 선험적이든 경험적이든)은, 만약에 이들이 우리의 자의에 의한 어떤 객체의 가능성을 즉각 제시하고 있으면, 그런 실천적 명제들은 언제나 자연의 지식에 속하고 철학의 이론적 부분에 속한다. 어떤 행동의 규정을 (법칙 일반에 따라) 순전히 그 형식을 직접 표상함으로써 그를 통해 작용이 미치게 될 객체의 수단[Mittel des dadurch zu bewirkenden Objekts]은 도외시한 채 필연적인 것으로 드러내는 실천적 명제들만이 (자유의 이념 속에서) 자기 나름의 원칙들을 지닐 수 있고 지녀야만 한다. 그리고 만일 그들이 동시에 바로 이 원칙들에 근거하여 의지(최고선)의 객체 개념을 세운다고 할지라도, 그러면 이 객체는 도출되는 귀결로서, 간접적으로만 (이제 비로소 윤리적이라 일컬어질) 실천적 지침에 속한다. 그리고 이 객체의 가능성은 자연의 인식(이론)을 통해 간파될 수 없다. 오로지 이러한 명제들만이 이성 인식 체계의 특수한 한 부분에 속하는바, 이 부분을 이름하여 실천 철학이라 한다.

실행을 둘러싼 그 이외의 모든 명제들은 그것들이 어떠한 학문에 관련되느냐에 상관없이 공학적인[17] 명제들이라고 일컬을 수 있을 것이다. 오해를 피하기 위해서라도 실천적이라는 말은 안 쓰는 것이 좋다. 왜냐하면 이것들은 사람들이 그래야만 한다고 의도하는 바를 성사시키는 기예[Kunst]에 속하기 때문인데, 기예란 하나의 온전한 이론에서라면 언제나 단지 결과일 뿐이며, 지침의 어떤 한 종류라는 나름의 독자적인 부분을 이루는 것이 아니기 때문이다. 이런 식으로 숙련을 위한 모든 지침은 **공학**[18]

---

17 technisch

18 공학[Technik]: **(원주)** 이 자리를 빌어 내가 『윤리 형이상학 정초』에서 범한 오류 한 가지(『윤리 형이상학 정초』 B40=IV414 이하 참조: 옮긴이)를 정정하고자 한다. 나는 숙련의 명령들[Imperativen]에 관해서 그것이 단지 조건적으로만 그리고 단지 가능한 목적들 즉 개연적인 목적들이라는 조건하에서만 명령하는 것이라고 말한 다음 그러한 실천적 지침들을 개연적 명령이라고 하였다. 이러한 표현에는 모순이 있는 게 사실이다. 나는 그것을 공학적이라고, 즉 기예의 명령들[Imperativen der Kunst]이라고 불러야했다. 현실적이고 심지어 주관적으로 필연적인 법칙들의 조건하에서 명령하는 실용적 명령들 혹은 명민함의 규칙들 역시 공학적 명령들에 속하기는 한다 (명민함이란 자유로

에 속하며, 따라서 자연의 이론적 인식의 결과로서 이론적 인식에 속한다. 그러나 앞으로 우리는 공학이라는 표현을 다음과 같은 경우에 계속하여 사용할 것이다. 자연의 대상들이 마치 그들의 가능성이 기예[Kunst]에 근거하고 있는 듯, 그렇게만 판단될 때이다. 여기에서 판단들은 그들이 객체의 속성이나 그 객체를 불러일으키는 방식에서 무엇을 취해 규정하는 것이 아니라 판단들을 통해 자연 자체가 그러나 기예와의 유사성에 따라서만 그리고 객체에 대한 객관적인 관련 속에서가 아니라 우리 인식능력과 주관적으로 관련지어져서 판단된다. 따라서 이 판단들은 이론적이지도 실천적이지도 않다. 여기에서 우리는 이 판단 자체를 공학적이라고 하지는 않지만, 그래도 그 법칙들에 판단들이 근거하고 있는 판단력과 그에 따르는 자연 역시 공학적이라고 부르게 될 것이다. 이때 공학이라고 함은 그것이 어떤 객관적

운 인간들을, 심지어 자연 소양과 내부의 성벽까지도 자신의 의도에 따라 사용할 수 있는 숙련이 아니면 그 무엇이겠는가?). 그러나 우리가 자신과 타인의 밑바탕에 놓는 목적, 다시 말하면 자기 나름의 행복은 그저 임의적인 목적에 속하는 것이 아니라 이 공학적 명령이라는 어떤 특수한 이름붙임을 부여받을 자격이 있는 것이다. 왜냐하면 수행하는 과제가 어떤 목적을 실행하는 방식만이 아니라 이 목적 자체(행복)를 이루어내는 것 — 이는 일반적인 공학적 명령에서는 이미 알려진 것으로 전제되어 있어야만 한다 — 에 대한 규정까지도 요구하기 때문이다.

으로 규정하는 명제들을 포함하고 있지 않으므로 이설적(理說的)[19] 철학의 한 부분을 이루지는 않고 오로지 우리 인식 능력 비판의 한 부분을 이루게 된다.

---

19 doktrinale

II

철학의 기초를 이루는
상급 인식 능력들의 체계에 관하여

여기에서 우리의 이야기를 **철학**[20]의 분류가 아니라 우리가 지닌

---

20 『윤리 형이상학 정초[Grundlegung zur Metaphysik der Sitten]』에서 칸트는 '철학'이라는 개념을 둘러싼 용어들에 대하여 다음과 같이 정리하였다. "고대 그리스 철학은 세 개의 학문 즉 물리학, 윤리학 그리고 논리학으로 나뉜다. 이러한 구분은 사안의 본성에 전적으로 부합하는 것이다." "모든 이성 인식은 질료적[material]이어서 어떤 객체를 고찰하거나 아니면 형식적[formal]이어서 오로지 오성과 이성의 형식 자체에만 관여하면서 객체들의 차이는 고려하지 않은 채 사유 일반의 보편적 규칙들을 상대한다. 여기에서 형식적 철학을 우리는 논리학이라 한다. 그리고 특정한 대상들과 이 대상들이 편입되어 있는 법칙들을 상관하는 질료적 철학은 다시금 둘로 나뉜다. 왜냐하면 이 법칙들이 자연법칙이거나 아니면 자유법칙이거나 하기 때문이다. 첫 부분은 물리학[Physik]이라 하고, 두 번째는 윤리학[Ethik]이다. 처음 것을 자연학[Naturlehre]이라고, 나중 것을 윤리학설[Sittenlehre]이라고 칭하기도 한다." "철학은 그것이 경험의 근거에 기반하고 있는 한 모두 경험철학이라 할 수 있다. 그러나 선험 원칙들로부터 자신의 교리를 이끌어 내는 한에서는 순수 철학[reine Philosophie]이라 불릴 수 있다. 이 순수 철학이 전적으로 형식적인 경우에 논리학이 되며 반면 오성의 특정한 대상에 한정되어 있는 경우

개념들을 통한 선험 인식 능력의 분류로 바꾸어 보면, 즉 순수 이성 비판[21]을 단지 사유하는 능력(여기에서 순수 직관 방식은 제외된다)에 따라서만 고찰해보면, 체계화된 사유 능력은 세 부분으로 나뉜다. 첫째, 보편자[22](규칙들[Regeln])를 인식하는 능력인 오성, 둘째, 특수자[23]를 보편자 아래로 추론[24]하는 능력인 판

이를 형이상학이라 한다." "자연 형이상학"과 "윤리의 형이상학"이 있다. 논리학은 경험 부분을 포함할 수 없는 바, "오성과 이성의 규준(Kanon)으로서 모든 사유에 적용되고 또 이점이 전시되어져야만 하기 때문이다." "반면 자연과 윤리의 지혜는 각자 자신의 경험 부분을 갖게 되는데, 자연지[知]는 경험의 대상으로서의 자연에 윤리지[知]는 인간이 자연으로부터 감응을 받는 한 그의 의지에 자신의 법칙들을 규정해야하기 때문이다. 처음의 것들은 그에 따라 모든 것이 발생하는 법칙들이고, 나중 것은 이 법칙들에 따라 모든 것이 발생해야 하지만(soll), 그러나 경우에 따라서는 종종 발생하지 않기도 하는 조건들에 대한 고려가 포함된 법칙들이다." GMS Vorr. (III 3 f.),(R. Eisler, Kant-Lexikon, S. 419).

21 이성이라는 개념의 사용은 다소 혼란스러운 면이 있다. 칸트는 이론[theoretisch] 이성과 실천[praktisch] 이성 두 개념은 체계 구분의 형이상학[Metaphysik]을 논구할 때 집중적으로 거론하고, 이성 비판[Kritik]을 분류할 때는 오성[Verstand], 판단력[Urteilskraft], 이성[Vernunft] 등 셋으로 이루어진 개념 복합체를 주로 사용한다.

22 das Allgemeine

23 das Besondere

24 Subsumtion

단력, 셋째, 보편자를 통해 특수자를 규정[25]하는 능력(원리들로부터 도출하는)인 이성이다.

모든 선험 인식의 원천(또한 이론 이성 가운데 직관[Anschauung]에 속하는 것의 원천)을 규명하는 데 몰두한 순수 이론 이성 비판은 자연에 법칙들을 부여하였고, **실천** 이성 비판은 자유에 법칙을 부여하였다. 여기까지 이야기하고 나면 얼핏 철학 전반에 걸쳐 선험 원리들이 모두 충분하게 다루어진 듯 보인다.

그러나 오성이 자연에 선험적인 법칙을 부여하고, 반면 이성은 자유에 법칙을 부여한다면,[26] 그 구도에 비추어 보아 다음과

---

25   Bestimmung

26   '법칙'과 '법칙을 부여하다'라는 용어에 대하여: 법칙은 객관적 규칙, 통일적이고 보편타당한 결절[Verknüpfung]이다. 특수 자연경험은 경험의 손에 의해서만 자신이 발견되도록 하나, 이들은 오로지 순수 오성의 근본적이고 선험적인 법칙을 소여에 적용함으로써 표현의 형태를 얻게 된다. 오성의 초월적 기본 정리들은 경험 일반과 경험 법칙을 인식할 가능성의 조건들이다. 이런 한에서 오성은 자연의 법칙 부여자이다. 이는 다시 말하면 오성은 통일되고 합법칙적인 현상의 연관들을 산출하는 원칙이며, 이 연관의 총체를 '자연'이라 한다. 이 '자연' 자체가 인식의 요소들에 의해 이미 조건 지워져 있기 때문에 이 자연은 오성의 법칙 부여를 따르며, 이 법칙 부여에서 자유로운 것은 '물자체'뿐이다. 특수 자연법칙으로 말하자면 불안정과 관점의 변화가 일어날 수 있다. 그러나 어디서나 늘 자연에서 법칙이 찾아지도록 되어있기 때문에

같은 생각을 해볼 수 있다. 이 두 능력들 사이에 그 연관을 매개
[vermittelt]해주는 판단력이 그 두 능력들과 마찬가지로 독자적인
선험 원칙들을 이 매개 과정에서 사용하여, 그리하여 혹시 이 판
단력이 철학의 독자적인 한 영역을 기초 짓는 것은 아닌지. 그러
면서도 체계로서의 철학은 오직 두 부분으로만 나뉠 수 있는 것
은 아닌지 말이다.

하지만 판단력은 아주 독특하지만, 결코 독자적이지 않은 인
식 능력이어서 어떤 대상에 대해 오성처럼 개념들을 부여하지
도 이성처럼 이념들을 부여하지도 않는다. 왜냐하면 이 능력은
단지 어디 다른 곳에 주어진 개념들 아래서 **추론**[27]하는 능력일

선험적이라고 간주되고 절대적으로 확실하다. 그 까닭은 오성은 법칙 부여적
이지 않은 채로는 어떤 객체도 인식할 수 없기 때문이며, 이와 같은 법칙 부
여가 없다면 경험의 객체 자체가 절대로 사유되어질 수 없기 때문이다. "통
각[Apperzeption]"의 통일은 오성의 법칙 부여 전체의 근원[Quelle]이다. 실
천 이성 역시 법칙 부여적인데, 법률적이며 윤리적으로 그러하다. 이 법칙들
은 '자유 법칙들'이다. 윤리 법칙은 의욕[Wollen]의 형식에 관계하며 이 의욕
이 보편적 법칙 부여에 합당할 것을 요구한다. 자연의 특수하고 경험적인 법
칙의 통일된 연관을 도모하는 것은 반성적 판단력[reflektierende Urteilskraft]
이다. (R. Eisler, Kant-Lexikon, S. 196)

27 추론[Subsumtion]: 판단력은 규칙하에서 추론하는 능력이다. 이는 다시
말해 무언가가 주어진 규칙하에 서 있는가 아닌가를 구분하는 능력을 말한다.
(R. Eisler, Kant-Lexikon S. 519)

뿐이기 때문이다. 본원적으로 판단력에서 출발하는 어떤 개념이나 규칙이 있다면, 그것은 **자연이 우리 판단력에 맞추어 향해진 한에서 가능한**, 자연의 사물들에 관한 어떤 개념일 수밖에 없는데, 즉 이는 자연의 어떤 특정 속성에 관한 개념인 바, 이 속성에 관해서는 우리가 주어진 특수 법칙들을 보다 보편적인, 그러나 아직 주어져 있지 않은 법칙 아래서 추론하는 우리의 능력에 맞추어 자신을 드러내지 않는 한, 어떠한 개념도 얻을 수가 없는 그런 속성이다. 다시 말하자면, 우리가 특수자를 그것이 보편자 속에 담겨있는[enthalten] 것으로 파악하고, 또 이 특수자를 자연의 개념하에 추론할 수 있어야 한다는 요구가 제기되는 한에서, 이 자연을 인식하는 우리의 능력에 부합하기 위해 필요한 자연의 합목적성[28]이라는 개념일 수밖에 없다.

---

28 목적[Zweck]이라는 개념은 무엇보다 실천적 목적이라는 개념으로 쓰인다. 따라서 실천 이성에 속하게 된다. 목적의 능력은 의지이다. 그러나 판단력 역시 그것이 반성적 판단력인 경우, 하나의 선험 원칙을 포함하는데, 목적의 이념을 주어진 소여를 판단하는 데 사용하기 때문이다. 그러나 이리하여 반성적 판단력은 자연에 법칙을 부여하는 것이 아니라 자기 자신에게만 법칙을 부여하는데, 이 목적이라는 이념으로 어떤 대상을 규정하지도 않으며 자연에 어떤 실질적인 목적 활동성[Zwecktätigkeit]을 서술하지도 않는다. 단지 특수하고 경험적인 자연 형식들과 법칙들을 엮어내는데, 마치 이 반성적 판단력이 어떤 목적 설정적인 원칙으로부터 하나의 통일되고 합목적적인 형상을, 하나의 목적에 합당한 연관을 얻어내는 듯 그렇게 한다. 목적 이념은 자연

그런데 그와 같은 개념이 바로 **경험**[29] 법칙들에 따르는 체계로서의 경험 개념이다. 말할 것도 없이 이 경험이 경험 일반의 가능성의 조건을 포함하는 초월 법칙들에 따라서 하나의 체계를 형성하기는 하나, 경험 법칙들에 관해서 말하자면 그중에는 **무한한 다양성**이 존재하며 그리고 특별한 경험으로 귀속되어 버릴 수도 있는 **자연 형식들의 그 엄청난 이질성**도 역시 가능하므로, 이런 (경험) 법칙들에 따르는 하나의 체계에 관한 개념이 오성에게는 아주 낯설 수밖에 없게 된다. 그리고 그런 전체에 대한 가능성은 물론, 필연성은 더더욱 파악될 수 없다. 하나 이 특

에 관계하여서는 단지 '조절적인' 의미만 지닌다. 그것은 특수 경험의 연관에 기여하며, 그들 가운데 체계적 질서를 수립하는 데 기여한다. 미적 합목적성 [ästhetische Zweckmäßigkeit]은 직관된 형식의 인식 능력과의 관계에 관여하며 구상력과 오성의 공동 작업에 관계한다. (R.Eisler, Kant-Lexikon, S. 622)

29 경험[empirisch]: 첫째, 경험[Erfahrung]으로부터, 경험을 통해 얻어진. 둘째, 경험과 관계하는 (경험할 수 없는 것에 관계하지 않는다는 뜻. 예를 들면 '경험적' 실재(Realität)와 '절대적'(absolut) 실재를 구분하듯이). 느낌[Empfindung]은 현상들[Erscheinungen]에서의 '경험적인 것'이다. KrV. tr. Anal. 2. B. "경험적인 것이란 그것을 통해 한 대상이 그 실존에 따라서 주어진 것으로 표상되는 것이다." Fortschr. d. Metaph. 1. Abt. von d. Umfange... (V 3, 102f). 경험적 인식이란 인식의 기원이 후천적인, 다시 말해 경험에 있으며 경험을 통해서만 가능한 인식을 말한다. KrV. Einl. I (I 48 Re 17), (R. Eisler, Kant-Lexikon, S. 116—117)

수하며, 어느 때나 늘 따르게 되는 원리들에 따라서 서로 엮어지는 경험 역시 경험 법칙들의 체계적 연관을 필요로 한다. 판단력은 바로 이런 사정에 힘입어 특수자를 보편자 아래로, 그것이 여전히 경험자 상태일지라도, 추론할 수 있다. 그리고 계속 나가다 보면, 가장 상위의 경험 법칙들에 이르게 되고, 이 경험 법칙들에 상응하는 자연 형식들에 이를 때까지 추론할 수 있게 된다. 그리하여 특수한 경험들의 **집합체**[30]를 그 경험들의 체계로 고찰할 수 있게 된다. 이러한 사실을 전제하지 않는다면 두루 통용될 어떤 합법칙적 연관[31], 다시 말해 경험의 경험적 통일성은 우리

---

30 집합체[Aggregat]: 경험은 "지각[Wahrnehmung]들의 단순히 경험적인 조합이 아니다", "지각들의 단순한 집합체가" 아닌 것이다; 경험은 지각들이 도달하는 범위보다 훨씬 더 나아가는데, 경험이 경험적 지각들에 보편타당성을 부여하면서 이를 위해 선험적으로 한발 앞서는 순수한 오성의 통일성[Verstandeseinheit]을 필요로 하기 때문이다. Prol. §26 (III 70). 이 집합체에 대한 대립항이 체계이다. (R. Eisler, Kant-Lexikon, S. 5)

31 **(원주)** 경험 일반의 가능성은 종합 판단으로서의 경험적 인식의 가능성이다. 따라서 경험은 단순히 비교된 지각들로부터 분석적으로 도출되어질 수 없다(보통은 그렇다고 믿고 있지만). 왜냐하면 한 객체의 개념 속에서 두 개의 서로 다른 지각들이 결합되어 있다면 (객체를 인식하기 위하여) 이는 현상들을 종합적으로 통일시키는 원칙들에 따라서 즉 현상들을 범주로 묶는 기본 정리들에 따라서 어떤 경험적 인식 즉 경험을 가능하게 하는 것일 수밖에 없는 합명제[Synthesis]이기 때문이다. 이러한 경험적 인식들은 그들이 필연적으로 공유하고 있는 것 (이른바 저 자연의 초월적 법칙)에 따라서 모든 경험에 대한

에게 제시될 수 없다.

(모든 오성 개념들에 비추어보았을 때) 그 자체로는 우연적인 이러한 합법칙성은 판단력이 (단지 판단력 자신을 위해) 자연에 있을 것이라고 추정하고 전제하며 들어가는 것으로서, 자연이 그런 것을 이루고 있을 것이라고 우리가 그냥 **따르는**, 자연의 형식적인 합목적성[32]에 해당된다. 이 형식적 합목적성으

하나의 분석적 통일을 이루어내지만, 그러나 경험의 종합적 통일을 하나의 체계로서 이루어내지는 않는다. 여기에서 말하는 종합적 통일이란 경험적 법칙들을 이 법칙들이 가지고 있는 다양한 것들(그리고 그 다양성이 무한으로 치달을 수 있는 곳에서도)에 따라서 하나의 원칙에 연결하는 것이다. 각각의 특수한 경험에 관하였을 때 범주인 것은 자연의 (자연의 특수 법칙에 관하여서도 역시) 합목적성 혹은 판단력이라는 우리의 능력에 대한 적합성인 바, 이 능력에 따르면 자연이 그저 역학적[mechanisch]으로 표상되는 것이 아니라 공학적[technisch]으로도 표상되어 진다. 이는 물론 범주처럼 종합적 통일을 객관적으로 규정하지 않으나 그러나 주관적으로 자연을 탐색하는 데 실마리를 제공하는 근본 정리[Grundsatz]들을 파생시키는 하나의 개념이다.

32 합목적성[Zweckmäßigkeit]: 사물이 상호 작용하는 데서 보이는 통일, 규칙성, 질서. 사물의 사용 가능성들의 통일은 보편적인 '조화[Harmonie]'의 통일적 근거를 지시한다. 이는 사물과 그 본질이 하나의 통일적인 근거에 공통적으로 종속되어있음을 확인시킨다. 사물의 합목적성은 그러나 신적인 시원의 특별한 기관에 근거할 필요는 없고, 보통은 일단 그렇게 창조된 세계의 본질에서 발생에 적용되는 일반적 법칙[Gesetz]에 따라 필연적으로 성사되는 것이라고 받아들여진다. 여기에서는 법칙에 따라 발생하는 하나의 합목적적

로부터는 자연에 대한 이론적 인식도 자유의 실천적 원칙도 근거 지워지지 않는다. 그렇지만 동시에 자연을 판단하고 탐구할 때 특수한 경험들에 대해서 일반적 법칙들을 찾기 위해 필요한 하나의 원칙이 주어지기는 하는 바, 우리는 서로서로 엮어지는 하나의 경험으로 모아가기 위해 꼭 필요한 저 체계적 결절[Verknüpfung]을 끌어 내오기 위하여 이 원칙에 따라서 자연을 배열하지 않으면 안 된다. 그리고 우리는 이 체계적 결절을 선험적으로 따를 만한 원인을 가지고 있다.

본원적으로 판단력에서 비롯되며 이 판단력에 고유한 개념은 이처럼 자연을 기예[33]로 파악하는 개념이다. 다른 말로 하면

인 작용이 그자체로서 여타의 합목적적 작용들과 결과들을 수반할 수밖에 없다. 사물들은 (어떤 특정한 목적을 위하여) 그들이 있는 그대로여야만 하기를 신이 원하기 때문에 존재한다. 그러나 합목적성들이 필연적으로 실현되어 충족되는 것은 신의 자유로운 의지에 귀속되지 않고 사물 자체의 본성과 그것의 상호작용에서 비롯된다. (R. Eisler, Kant-Lexikon, S.626)

33 기예[Kunst]: 기예는 자연과 구분되는데, Tun(라틴어 facere)이 행동[Handeln] 혹은 작용 [Wirken] 일반(라틴어 agere)과 구분되는 것에 비유된다. 앞의 것의 산물은 작품[opus]이라고 하고, 뒤의 것의 결과는 효과[Wirkung effectus]라고 구별할 수 있다. 자유를 통한 산출만을 즉 행위함에 이성이 근거 지워진 경우만을 기예라고 일컫는다. 인간의 숙련[Geschicklichkeit]으로서의 기예는 학문과도 구분되며, 앎이 능함과 구분되듯이, 이론적인 능력과 실천적인 능력이 구분되며, 이론과 기술이 구분된다. 마

자연의 특수 법칙[besondere Gesetze]들에 관련된 자연의 공학[34] 개념이다. 이 개념은 어떤 이론을 근거 지우지 않으며, 논리학처럼 객체와 그 객체의 속성에 관한 인식을 포함하지 않는다. 그 대신 경험 법칙들에 따른 추론을 계속해나가는 과정(이를 통해 자연 탐구가 가능하게 된다)을 위해 하나의 원칙을 제공한다. 그렇지만 이를 통하여 자연에 대한 인식을 풍부히 하는 어떤 객관적 법칙들이 더 마련되는 것이 아니라, 단지 판단력에 필요한 하나의 준칙[35]이 근거 지워질 뿐이며, 이 준칙에 따라서 자연을 관찰하

침내 기예는 수공품과 구분되는데 처음 것은 자유 예술이고, 나중 것은 임노동 예술이라 불린다. (R. Eisler, Kant-Lexikon, S. 325)

34 Technik der Natur

35 준칙[Maxime]: 실천적 법칙이 동시에 행동의 주관적 근거가 되는 경우, 즉 주관적인 근본 원리[Grundsatz]가 되는 경우를 준칙이라고 한다. "그 순수함과 결과에 따라서 윤리성을 판단하는 일은 이념에 따라 이루어지고, 그 법칙을 따르는 일은 준칙에 따라 발생한다." "우리의 전반적인 삶의 변화가 윤리적 준칙에 종속되는 일은 필연적이다." 이를 위한 조건은 신과 그의 불멸에 이념이 도덕적 법칙과 연결되는 것이다. Krl. tr. Meth. 2. H. 준칙은 의욕[Wollen]의 주관적 원칙이다. GMS 1. Abs. 1. Anm, (R. Eislet, Kant-Lexikon, S. 347)

Maximen der Vernunft: "나는 객체의 성질에서 출발하지 않고 그 객체의 인식이 일정한 완전성을 보일 수 있다는 가능성을 목전에 둔 이성의 이해로부터 취해지는 모든 주관적인 기본 정리를 이성의 준칙이라고 부른다." (R. Eisler, Knat-Lexikon, S. 347)

고 자연 형식들을 이 준칙들에 대응시켜 놓을 뿐이다.

자연 인식의 교조적 체계로서의 철학과 마찬가지로 자유로서의 철학은 여기에서 새로운 부분을 전혀 획득하지 않는다. 왜냐하면 자연을 기예[Kunst]로서 표상하는 것은 하나의 순전한 이념인바, 이 이념은 우리의 자연 탐구에, 어디까지나 단지 주체에 원칙을 가져다주는 방식으로 기여한다. 그래서 이 원칙은 경험 법칙들 그 자체의 집합체 속에 하나의 연관 — 체계 속에 있는 것처럼 — 을 가져다주기 위하여 필요하고, 이러한 일은 우리가 자연에 우리의 욕구 체계와 관련되는 지점을 부여함으로써 발생한다. 그 반면 자연의 공학에 대해 현재 우리가 지니고 있는 개념은 자연을 판단하는 과정에 있는 발견적[heuristisches] 원칙으로서 우리의 인식 능력 비판에 속할 것이다. 이 비판은 어떤 유인들이 있어 우리가 자연으로부터 그런 표상을 만들어 가지는가, 이 이념은 어떤 출발점을 지니며, 혹 그 원칙이 그 이념 사용의 범위와 한계 자체가 될지라도 이념이 선험적 원천[Quelle]에 꼭 부합되는지 어떤지를 드러내 보여준다. 한마디로 말해 이러한 종류의 연구는 순수 이성 비판의 체계에 속하는 부분을 이루나, 교조적인 철학의 비판 체계에 속하지는 않는다.

III

인간의 마음 상태에 심어진
모든 능력의 체계에 관하여

우리는 인간의 마음 상태에 심어진 모든 능력을 남김없이 아래와
같은 세 가지로 환원할 수 있다. 인식 능력,[36] 좋고 싫은 감정[37] 그리

---

36   인식 능력[das Erkenntnisvermögen]: '하급의[niederes]' 인식 능력(감관
[Sinn]과 구상력[Einbildungskraft]으로 이루어진 감성[Sinnlichkeit])과 '상급
의[obere]' 인식 능력이 있다. 상급의 인식력은 전적으로 단지 판단하는 능력
에 기초하고 있다고 전제하면서 출발한다. 동물들은 이러한 능력을 가지고 있
지 않다. 그들은 판단하지 않으며 따라서 판명한 개념들을 가지고 있지 않다.
상급의 인식 능력들은 오성, 판단력 그리고 이성이다. 이들로부터 개념과 판
단들과 귀결들(Schlüsse)이 나온다. KrV. tr. Anal. 2. B. am Anfang (I 177-Rc
232). (R. Eisler, Kant-Lexikin, S. 140)

37   좋고 싫은 감정[das Gefühl der Lust und Unlust]: 감정이란 순전히 주관
적인 것으로서 객체와 관련되지 않고 주체의 상태를 표현한다. 감정은 미학에
서 특정한 역할을 담당하지만 윤리성의 기원은 아니며, 이 윤리성에 대하여
는 도덕 감정으로서 존경의 감정만이, 유일하게 이성 내용과 관련된 것으로
서 선험적으로 규정할 수 있는 감정만이 고려될 수 있다. 감정은 감관의 느낌
(Empfindung der Sinne)과 구분된다. (R. Eisler, Kant-Lexikon, S. 175)

고 욕구 능력[38]. 다른 점에서는 모두 온갖 칭송을 살 만큼 철저한 사유 능력을 발휘해온 철학자들도, 이제껏 이 문제를 두고는 세 능력 사이의 차이점이 단지 외관상으로만 그러하다고 해명하면서 인간의 이 모든 능력들을 오직 하나, 인식 능력에 귀속시키는 노력을 기울여왔다. 하지만 이 다양한 능력들을 하나로 일치시키려는 시도, 진정한 철학 정신에 따라 이루어지지 않았다고는 할 수 없는 이 시도가 허사로 드러날 것은 너무도 뻔하며, 이미 얼마 전부터 그렇다는 증거가 드러나고 있다. 왜냐하면 표상들 사이에는 커다란 차이가 있기 때문인데, 표상이 단지 객체와 의

---

38 욕구 능력[das Begehrungsvermögen]: 욕구 능력은 자신의 표상을 통해 그 표상의 대상에 대한 원인이 되는 능력이다. 욕구하거나 피하는 것으로서 좋거나 싫은 것에 항상 관련되어 있으며, 그 반대의 경우가 꼭 일어나는 것은 아니다. 또 욕구된 것에 대한 좋고 싫음이 그것의 원인으로서의 욕구된 것에 꼭 선행하는 것만은 아니다. 좋고 싫음은 욕구된 것의 작용이기도 하다. 욕구 능력에 대한 규정, 실천적인 좋은 감정이 원인으로서 여기에 반드시 선행해야 하는 욕구 능력의 규정은 욕구[Begierde]이다. 욕구는 욕정[Konkupiszenz, das Gelüsten]과 구분된다: 욕정은 항상 감각적이긴 하나, 욕구 능력으로 진척된 마음상태의 행위는 아직 못 된다. 개념들에 따르는 욕구는 부분적으로 '자의[Willkür]'가 된다. 이성으로 규정된 욕구—하급의 욕구와는 구별된 상급의 욕구로서—가 의지Wille]이다 (R. Eisler, Kant-Lexikon, S. 57) 욕구[Begierde]: 욕구란 표상의 작용으로서의 무언가 미래적인 것에 대한 표상을 통해 주체의 힘을 자기규정 하는 것이다. Anthr.1.T. §73 (IV 183) (R. Eisler, Kant-Lexikon, S. 57)

식의 통일에 대해서만 관련을 맺으면서 인식으로 귀속되는 경우의 표상들과, 그와 마찬가지로 객관적 표상이긴 하나 이번에는 객체의 현실성에 대한 원인으로서 간주 되면서 욕구 능력으로 귀속되는 표상들, 그리고 관련을 오로지 주체에게만 지우는 표상 사이에는 큰 차이가 있다. 이 마지막의 경우로 말하자면 주체 속에 자기 나름의 실존을 고스란히 확보하는 근거가 되는 표상들로서 좋은 감정[쾌감: Gefühl der Lust]과 관련하에서만 고찰되는 그런 것이다. 그리고 여기에서 거론된 감정은 절대 인식이 아니며, 더구나 인식을 규정 근거로 전제하고 있을지라도 인식을 구성하지 않는다.

어떤 한 대상의 인식과 그 대상의 실존을 접하고서 좋고 나쁜 감정을 연결시키는 일, 대상을 산출하는 욕구 능력을 규정하는 일은, 우리가 경험적으로 충분히 인식할 수 있는 경우들이다. 하지만 이 연결시키는 일이 선험적 원칙에 근거하고 있지 않기 때문에, 이런 상태에서 인간 마음 능력[Gemütskräfte]들은 집합체를 만들어낼 뿐 일정한 체계를 구성하지는 않는다. 좋은 감정과 인간이 지닌 다른 두 능력들을 연결시키는 선험적 결절을 찾아내는 일이 성공하는 경우는, 우리가 어떤 선험 인식, 즉 자유라는 이성 개념을, 그 개념의 규정 근거로서의 욕구 능력과 결합할 때이다. 이러한 객관적 규정에는 주관적으로도 의지 규정에 내포된 좋은 감정이 동시에 맞물려져 있다. 그러나 이런 방식으로 좋고 싶은 감정을 매개로 하여[39] 인식 능력과 욕구 능력이 연결되는 것은 아니다. 왜냐하면 좋거나 싫은 감정이 욕구 능력보다 앞서 있지 않으며, 기껏 이 욕구의 규정을 그대로 뒤따르거나 아니면 이성 자체를 통한 의지의 규정성에 감응하였음을 보여주는 것에 불과하니, 결코 별다른 감정이라 할 수도 없고 마음[40]의 특성들 가운데 별도의 구별을 요구하는 독자적인 수용 능력도 아니기 때문이다. 마음 능력 일반을 분석해보면, 이 좋은 감정이 오히려 욕구 능력의 규정 근거를 제공할 수 있을지언정 욕구 능력 규정에서 독립된 것으로서 주어져 있다는 것을 부인할 수 없다. 그러나 한 체계 속의 다른 두 능력들과 이 감정이 연결되기 위해서는 이 좋은 감정이 여타 다른 두 능력과 마찬가지로 단순한 경험적 근거들에 따르지 않고 선험적 원칙들에 근거한다는 사실이 요청된다. 그렇기 때문에 하나의 체계로서의 철학의 이념을 위해서도, (독트린은 아니나 그래도) 좋은 감정과 싫은 감정 비판이 요청된다. 이 비판이 경험적으로 근거 지워지지 않는

---

39   vermittelst

40   마음[das Gemüt]: 마음이라는 말은 주어진 표상들을 수합하고 경험적 파악의 통일을 일으키는 능력으로 이해한다. 영혼의 기관. 인식 능력, 좋고 싫은 감정, 욕구 능력을 아우르는 하나의 전체 범위[Umfang]를 가지고 있다. 각 부분들은 감성과[Sinnlichkeit] 지성[Intellektualität] 두 장으로 나뉜다. 감각적 인식과 지적 인식, 좋음과 싫음, 욕구와 회피. (R.Eisler, Kant-Lexikon, S. 182)

한에서 말이다.

개념들을 따르는 **인식 능력**[Erkenntnisvermögen]이 그 선험적 원칙들을 순수 오성(자연에 대한 오성의 개념들) 안에 지니고 있고, **욕구 능력**[Begehrungsvermägen]은 순수 이성[41](자유에 대한 이성의 개념) 속에 지니고 있다고 정리하면, 이제 마음 능력들 일반 가운데에서 중간 능력 혹은 수용 능력[42], 이른바 **좋은 감정과 싫은 감정**[Gefühl der Lust und Unlust]이 상급 인식 능력들 중에서는 중간 능력이었던 판단력의 경우와 마찬가지로 남게 된다. 그래서 자연스럽게 이렇게 추정해볼 수 있다. 여타의 경우와 마찬가지로 판단력이 좋고 싫은 감정에 대해서 선험 원칙들을 지니지 않을까.

이 연결의 가능성을 완벽하게 마무리 짓기 위해 무언가를 더 찾아내지 않은 상태에서, 여기에서 이미 좋은 감정에 대하여 규정 근거를 제공하거나 아니면 감정 속에서 규정 근거를 찾아내기 위해서 판단력이 일정한 조응성을 보인다는 점은 아래 사실에 비추어 보았을 때 명약관화하게 드러난다. **개념들에 따라 인식 능력을 구분했을 때,** 오성과 이성이 객체로부터 개념들을 획득하기 위해 각자 자기의 표상들을 객체들에 결부시킨다면, 판

---

41   in der reinen Vernunft 실천 이성.

42   Empfänglichkeit

단력은 오로지 주체에만 관련되며 그 자체로서는 대상들에 대한 어떤 개념도 불러일으키지 않는다. 그와 마찬가지로 마음 능력 일반의 구분에서 욕구 능력과 더불어 인식 능력이 표상들의 객관적 연관을 포함하고 있다면, 이와는 달리 좋고 싫은 감정은 주체의 어떤 규정의 **수용 능력**에 불과하다. 그래시 판단력이 도대체 무엇인가를 그 자신만으로 규정하여야 한다면 이에 해당하는 것으로는 좋은 감정 이외에 다른 것일 수 없다. 그리고 이와 반대로 이 감정이 대체 어떤 선험적 원칙을 가져야만 한다면 그것은 판단력에만 해당될 것이다.

IV.

판단력에 대한 하나의 체계로서의 경험에 대하여

우리는 순수 이성 비판에서 모든 경험 대상들의 총괄체[Inbegriff] 인 자연 전체[die gesamte Natur]가 초월적 법칙들에 따라, 즉 오성 자체가 선험적으로 (어떤 의식과 결부되어 경험을 구성한다는 견지에서의 현상들에 대해) 제공하는 법칙들에 따라서 하나의 체계를 이루고 있음을 보았다. 바로 그러한 까닭에, 여하튼 객관 적으로 관찰된다는 점에서 보편 법칙과 아울러 특수 법칙에 따라 가능해지는 것인 경험은 또한 가능한 경험적 인식들의 한 체계를 (이념 속에서) 구성할 수밖에 없다. 왜냐하면 온갖 현상들의 총괄체[Inbegriff] 속에 포함되어 있는 그 모든 것들을 철저히 연결하는 하나의 원칙에 따라 자연의 통일이 이 체계를 요청하기 때문이다. 이러한 견지에서 경험 일반은 오성의 초월 법칙들에 따르는 하나의 체계로 간주되지 단순한 집합체로 간주될 수 없다.

그렇다고 여기에서 다음과 같은 결론이 그대로 도출되는 것은 아니다. 즉 자연이 경험 법칙에 따라서도 인간의 인식 능력에 의해 파악 가능한 하나의 체계로 된다고, 그리고 어떤 한 경험 — 무엇보다도 이 경험 자체가 체계로서 — 속에서 현상들이 수미일관한 체계적 연관을 이루어 인간에게 가능한 것으로 다가온다고 말할 수 없는 것이다. 왜냐하면 지각들[Wahrnehmungen]을 그때그때 발견한 특수 법칙들에 따라서 하나의 경험으로 결합하는 일이 이따금 가능할지는 몰라도 이 경험 법칙들 자체를 하나의 공통적인 원칙들 아래서 친족관계와 같은 통일을 이루도록 하는 일은 전혀 불가능할 정도로 경험적 법칙들의 다양성과 이질성은 엄청나게 클 수 있기 때문이다. 그 일 자체로는 가능할 수 있다 하여도 (최소한 오성이 선험적으로 이루어낼 수 있는 한에서는), 이 법칙들의 다양성과 이질성이 그에 상응하는 자연 형식들만큼이나 무한하게 큰 것이라면, 그리하여 우리가 즉시 초월 법칙들에 따르는 그와 같은 체계를 전제하고 들어갈 수밖에 없다 해도 이것들에는 그저 거친 무질서한 집합체가 있을 뿐 체계의 최소한의 흔적이나마 찾아볼 수 없다면 말이다.

시간과 공간 속에서 **자연의 통일**과 우리에게 가능한 경험의 통일은 동일한 것이다. 이는 자연의 통일이 단순한 현상들(표상방식들)의 총괄체이기 때문인데, 이 총괄체는 그 객관적 실재성을 오로지 경험 속에서만 지닐 수 있는 것이며, 그리고 이 경험은, 사람들이 자연의 통일을 (당연히 그렇게 되어져야만 하는) 하나의 체계로 생각한다면, 경험 법칙들에 따른 체계 자체로서

가능해져야만 한다. 그러므로 아래 사실이 주관적으로 필연적인 초월적 전제가 된다: 저렇게 걱정스러울 정도로 무한한 경험 법칙들의 이질성과 자연 형식들의 이종성이 자연에 귀속되는 것이 아니라, 그보다는 오히려 특수 법칙들이 훨씬 더 보편적인 법칙들하에서 보여주는 친화성에 의해서 자연은 자신을 하나의 경험 체계로서 하나의 경험이 될 수 있도록 스스로를 질적 변화(質化)[43]시킨다.

이 전제가 판단력의 초월적[44] 원칙이다. 왜냐하면 판단력은 보편자 (그 개념이 이미 주어진다) 아래에서 특수자를 추론하는 능력일 뿐 아니라, 그 반대의 경우인, 특수자가 주어졌을 때 보편자를 찾아내는 능력이기 때문이다. 하지만 오성은 자연에 대

---

43 qualifiziere.

44 "초월[Transzendental]은 선험자[das Aprioritische]를 경험[Erfahrung]에 적용할 가능성에 관한 그리고 이 경험과 경험 대상의 타당성에 관한 인식을 뜻한다. 더 나아가 가능한 경험의 전제, 경험에 (논리적으로) 선행하는 조건에 관계된 모든 것을 포함하기도 한다." (R. Eisler, Kant-Lexikon, S. 538).
"초월 철학이란 초월 개념들의 체계를 일컫는 것으로서 분석적인 인식뿐 아니라 종합적이고 선험적인 인식 모두를 포함한다. 이 학문에는 단지 순수 선험 개념과 근본 원리[Grundsatz]들만이 포함되고 도덕성의 기초 개념들과 근본 원리들은 포함되지 않는다. 욕구나 기호, 감정 등은 경험적 근거를 지니고 있기 때문이다. 따라서 초월 철학은 순수하게 전적으로 사변적인 이성의 예지[Weltweisheit]이다." (R. Eisler, Kant-Lexikon, S. 540.)

해 초월적인 **법칙 부여**[Gesetzgebung]를 하면서 가능한 경험적 법칙들의 모든 다양성으로부터 눈을 돌린다[추상한다. abstrahiert]; 오성은 법칙 부여 과정에서 경험 일반이 일어날 수 있는 가능성의 조건만을 그 형식에 따라서 고려의 대상으로 끌어들일 뿐이다. 그리하여 오성에는 특수한 자연 법칙들의 유사성이라는 저 원칙이 해당이 되지 않는다. 판단력만이, 동일한 보편 자연 법칙들하에서 특수 법칙들이 지니는 상이한 그 무엇에 따라서일지라도 그럼에도 한 단계 더 높은, 비록 그것이 여전히 경험 법칙이기는 할지라도, 더 높은 법칙 속으로 특수 법칙들을 이끌어야 할 의무가 있기 때문에, 판단력만이 그러한 원칙을 실행 과정 속에서 근거로 삼고 있을 수밖에 없다. 자연 형식들이 서로서로 공통의 경험적인 법칙들, 그러나 한 단계 더 높은 법칙들과 일치하는 일을 판단력은 전적으로 우연이라 치부할 터인데, 이 자연 형식들 사이를 두루 암중모색하여 특수한 지각들이 어느 때인가 요행히도 경험 법칙으로 스스로를 질화[qualifiziere]한다면 이는 아주 큰 우연이 아닐 수 없다. 그렇지만 다양한 경험 법칙들이, 자연 속에 그리한 형식이 존재함을 어떤 신림 원리를 통해 선세하지 않고도, 스스로를 어떤 하나의 가능한 경험 속에서, **그 경험의 전반적인 연관성 속에서** 이루어지는 자연 인식의 체계적 통일성으로 모았다고 한다면 이는 훨씬 더 우연한 일이 아닐 수 없다.

사람들 사이에 회자하고 있는 그 모든 정식[45]들: 자연은 가장 짧은 길을 택한다 ― 자연은 헛된 일을 하지 않는다 ― 자연은 형식들의 다양성 가운데 비약을 감행하지 않는다(형식의 연속성) ― 자연은 종에서는 풍부하나 유에서는 절약한다, 등등 그 모두는 바로 체계로서의 경험을 위해, 그리하여 자체의 독자적인 사용을 위한 필요에 따라 하나의 원칙을 확보하고 있는 판단력을 두고 말하는 동일한 초월적 언술일 뿐이다. 오성도 이성도 그러한 자연법칙을 선험적으로 근거 지울 수 없다. 왜냐하면 자연이 순전히 형식적인 그 법칙들 속에서 우리의 오성을 향해 맞추어져 있다(이런 면에서 자연은 경험의 대상이 된다)는 사실은 우리가

---

45 정식[Formel]: 정식이란 그 표현이 모방의 표준으로 된 규칙들이다. Log. Einl. IX. (IV 85)
어떤 평자는 『실천 이성 비판』에서 도덕성의 새로운 원칙이 아니라 단지 하나의 "새로운 공식"이 모습을 나타냈다고 하였다. "그러나 누가 모든 윤리성에 하나의 새로운 근본 원리[Grundsatz]를 발견하고 그리고 동시에 이 윤리성을 비로소 발견하려 의도했겠는가? 마치 그 이전에는 세계가 의무인 것 속에서 무지인 채로 혹은 일상적인 오류 속에 있었던 것처럼. 그러나 수학자에게 하나의 정식[Formel]이 무엇을 의미하는지 누가 알겠는가, 이 정식이란 어떤 과제를 추적하기 위해 행해져야만 하는 것을 아주 정확하게 규정하며 그리고 잘못되도록 놔두지 않는 것으로, 정식은 이러한 일을 모든 의무 일반을 눈앞에 둔 채로 행하는 것으로 무언가 무의미한 것이라거나 부차적인 것이 아니다. KrV. Vorr. 3. Anm. (II 9). Vgl. Imperativ. (R. Eisler, Kant-Lexikon, S. 156)

아주 쉽게 알아볼 수 있도록 되어 있지만, 그러나 특수 법칙들과 그것의 다양성 그리고 이질성에 직면하여서는 자연은 법칙을 부여하는 우리 인식 능력의 그 모든 한계들로부터 자유롭기 때문이다. 그리고 이 점은 경험—특수자로부터 언제라도 더 보편적인 것으로 상승하기 위하여 그리고 마찬가지로 저 원칙이 근거 지우는 경험 법칙들을 통일하기 위하여 경험자로 나아가는 판단력 나름의 사용에 소용되는, 판단력의 전제이다. 경험에 의지하여서는 그와 같은 원칙을 결코 기술할 수 없다. 오직 이와 같은 전제를 두고서만 경험들을 체계적인 방식으로 처리하는 것이 가능하기 때문이다.

V.
반성적 판단력에 관하여

판단력은 어떤 한 주어진 표상에 대해, 그 표상에 의해 가능해 질 수 있는 한 개념을 찾기 위하여, 특정 원칙에 따라서 **반성하 는**[46] 능력이거나 아니면 기초가 되는 어느 한 개념을 주어진 경 험적 표상을 통해 **규정하는**[47] 능력으로 간주될 수 있다. 첫 번째 경우를 **반성적 판단력**[reflektierende Urteilskraft]이라 하고 두 번째 경우는 **규정적 판단력**[bestimmende Urteilskraft]이라 한다. 그러나 **반성한다고 함**(깊이 생각한다 Überlegen)은 주어진 표상들을 이 표 상을 통해 가능한 개념들과의 연관 속에서 여타의 인식 능력과 아니면 자신의 인식 능력과 비교하고 함께 움켜쥔 채 서로 견주 는[zusammenhalten] 것이다. 반성적 판단력은 사람들이 판정 능력 이라고도 부르는 그것이다.

　반성함[Reflektieren](이는 동물들에게서도 볼 수 있는데, 비록

46　reflektieren

47　bestimmen

본능에 따라서, 즉 반성을 통해 도달될 개념들과의 관련 속에서는 아니지만, 그래도 반성에 의해 규정되는 경향성이 발생한다는 점에서 그러하다)은 규정하는 활동에서와 마찬가지로 우리로 하여금 하나의 원칙을 필요로 하게 한다. 그런데 규정함[Bestimmen]의 경우에는 객체의 기초를 이루는 개념이 판단력에 규칙[48]을 제시하고 그리하여 원칙[49]을 대신한다.

---

48 규칙[Regel]: "규칙은 어떤 개념의 그 개념에 포함된 (즉 이를 통해 개념이 규정된) 모든 것과의 관계이다." "법칙은 그에 따라 사물의 현존이 규정 가능하게 되는 규칙이다."
규칙들의 능력인 오성은 자신의 선험적인 근본 원리들[Grundsätze]과 범주들을 통해 규칙들 아래에 현상들을 불러내오며 이를 통해 현상들을 객관적인 합명제에 결부시키는데, 이의 보편타당성이 현상들을 모든 주관적으로 심리적인 표상들과 엮어지는 것을 구별해낸다. 이러한 일은 언제나 규칙을 고려하여 일어나는 바, 이 규칙에 따라 현상들은 그 이전의 상태를 통한 연속귀결 속에서 규정된다. 내가 나의 주관적 합명제를 객관적으로 만든다는, 현상들의 규칙성이 있다는 전제하에서만 객관적인 경험이 가능하다. KrV. tr. Anal. 2 B. 2. H. (R. Eisler, Kant-Lexikon, S. 459)

49 원칙[Prinzip]: 근본 원리[Grundsatz], 법칙[Gesetz], 전제[Voraussetzung]. 오성과 달리 이성은 원칙들의 능력이다. 원칙들에서 나오는 인식은 특수자를 개념들을 통해 보편자 속에서 인식하는 그런 것이다. 이리하여 모든 이성 결론은 어떤 원칙으로부터 인식을 도출해내는 형식이다. 모든 보편적 법칙들은 "비교적인[komparativ]" 원칙들이다. 오성은 "순전한[schlechthin]" 원칙들을 만들어낼 수 없다. 즉 개념들로부터 합[synthetisch]의 인식을 이끌어 낼 수

주어진 자연 대상들에 대한 반성의 원칙은 다음과 같다. 모든 자연 사물들한테서 경험적으로 규정된 **개념들**이 찾아질 수 있다는 것이다[50], 이 문구는 자연의 산물들한테 우리가 인식할 수 있

없는 것이다. 이성은 원칙들 아래에서 오성 규칙들의 통일을 이루는 능력이다." KrV. tr. Dial. Einl. II A. (R. Eisler, Kant-Lexikon, S. 433)

50 **(원주)** 이 원칙은 얼핏 보면 하나의 통합적이고 초월적인 명제의 외관을 지니지 않고 오히려 동어반복이나 단순 논리학에 속하는 것처럼 보인다. 왜냐하면 이 논리학은 어떻게 사람들이 하나의 주어진 표상을 다른 표상과 비교하며 그리고 사람들이 이 표상이 다른 것들과 공통적으로 가지고 있는 것을 하나의 징표로 삼아 일반적 사용으로 이끌어 내는 과정을 통해 하나의 개념을 만들 수 있는가를 가르치기 때문이다. 그러나 자연이 각 객체에 대하여 형식에서 그 객체와 많은 점을 공유하고 있는 비교의 대상들 이외의 무수한 것들도 제시하여야만 하는지에 관해서 논리학은 가르침을 주는 바가 없다. 유[Gattung]와 종[Art]으로 나뉜 잡다한 것[das Mannigfaltige]이 드러나는 모든 자연 형식들을 비교를 통해 개념들로 (다소간의 보편성에 관한) 이끄는 것이 가능한, 우리의 판단력을 위한, 체계보다 오히려 자연에 대해 논리학을 적용할 수 있는 가능성의 이 조건이 자연에 대한 표상의 원칙이 된다. 하지만 순수 오성이 이미 (그러나 역시 통합적 근본 원리[synthetische Grundsatz]를 통해서) 자연의 모든 사물들을 선험 법칙에 따라 하나의 초월적인 체계 속에 포함된[enthaltend] 것으로 사유하도록 가르친바 있다. 그러나 경험적 표상들에 대해서도 그 자체로서 개념들을 찾는 (반성적인) 판단력은, 더 나아가 개념을 위해 그 무한한 다양성의 자연이 유와 종과 같은 구분을 하며, 이 구분이 우리의 판단력으로 하여금 자연 형식들을 구분하는 가운데 일치점을 찾아내고, 경험 법칙들과 그들 사이의 연관에 대해 상승함으로써 더 보편적이거나 마찬가

는 보편적 법칙들에 따라 가능한 하나의 형식이 있다고 사람들이 언제든지 전제할 수 있다는 사실을 말해준다. 왜냐하면 우리가 이러한 사실을 전제하지 않고 또 경험 표상들을 다루면서 이 원칙을 기초로 삼지 않으면, 반성한다는 일이 모두 그저 되는 대로나 맹목으로 될 것이다, 그리하여 경험적 표상들이 자연과 일치하리라는 근거 있는 기대도 없이 반성이 실행될 것이기 때문이다.

보편적 자연 개념들과 관련해서는, 애당초 어떤 경험 개념이 (특수한 경험 규정 없이) 일단 가능하려면 그 아래에 있어야, 보편적 자연 개념들과 관련해서 보면 반성은 자연 일반이라는 개념 속에, 다시 말해 오성에 이미 그 지침을 가지고 있다. 그리고 판단력은 반성할 때 별도의 특수 원칙을 필요로 하는 것이 아니라 오히려 판단력은 선험 반성을 **도식화하며**[51] 그리고 이 도식을

지로 경험적인 법칙들에게 도달하는 것이 가능하도록 한다. 다시 말해 판단력은 경험 법칙들에 따르는 하나의 자연 체계도 전제하는 것으로 되는 바, 그것이 선험 체계로서 전제되는 것은 결국 초월 원리을 통해서 그렇게 되기 때문이다.

51 도식화[schematisiert]: 칸트에 따르면 모든 개념은 "도식[Schema]"을 갖는다. 다시 말하면 하나의 처리방식[Verfahren]을 갖는데, 보편적이고 대변적인 표상을 통해서 개념의 내용을 보편―직관적으로 실현하는 처리 수단을 말한다. 순수 오성 개념인 범주들은 제각기 하나의 초월적인, 경험 인식을

모든 경험적 종합 명제에 적용한다. 이런 종합 명제가 없다면 경험 판단이란 도대체 가능하지 않을 것이다. 이때 반성하는 판단력은 동시에 규정적이며, 그리고 판단력의 초월적 도식은 아울러 반성할 때 규칙이 되고, 이 규칙 아래서 주어진 경험적 직관들이 추론된다[subsumiert].

그러나, 주어진 경험 표상들에 대해 무엇보다 앞서 찾아져야만 하는 개념들에 대해서, 그리고 특수 자연법칙을 전제하고 있고 그에 따라 오로지 특수 경험이 가능한 그러한 법칙들에 대해서 판단력은 하나의 독자적이고 동시에 선험적인 반성의 원칙이 필요하다. 그리고 우리는 판단력을 이미 알려진 경험 법칙들에 되돌려 결부시킬 수 없으며, 반성을 그것에 관한 개념들을 우

조건 지우는 도식을 갖는데, 이를 통해 순수 오성 개념은 비로소 '현실화'된다. 즉 직관적으로 주어진 것에 대한 직접적 관계를 얻게 되며, 물론 또한 제한되어지는 바, 현상들의 순전한 형식, 그리고 가능한 경험과 직관의 대상들의 순전한 형식으로서의 의미에 한계 지워지는 것이다. 초월적인 도식은 어떤 상이 아니라 규칙, 시간의 순수 직관을 매개로[vermittelst] 경험적 직관 질료[Anschauungsmaterial]에 대한 관계, 범주 속에서 의미되고 지시된 관계를 표현하는 처리방식이다. 이 관계를 오성 개념의 통일성에 따라 규정하는 처리 방식이다. 초월적 범주주의[das transzendentale Schematismus]는 이리하여 순수 사유[reines Denken]와 감성[Sinnlichkeit]을 매개하며, 범주들에 그 '의미'를 그리고 직관에는 범주적 구조를 부여한다 (R. Eisler, Kant-Lexikon, S. 476)

리가 이미 가지고 있는 경험적 형식들과의 단순한 비교로 탈바꿈시킬 수 없다. 만약에 자연(이렇게 생각하는 것은 가능한 일이다)이, 그 경험 법칙들의 막대한 다양성 때문에 자연 형식들에 그토록 큰 불균등성을 박아놓아, 그 모든 비교가, 전부는 아니라 해도 대다수의 비교가 그 자연 형식들 가운데서 일치성이나 종, 유와 같은 단계 질서를 산출하지 못한다면, 그렇다면 지각들을 비교함으로써 다양한 자연 형식들에 공통으로 들어있는 것의 경험적 법칙들에 도달하는 일을 우리가 어떻게 바랄 수 있는지 묻게 되리라. 경험 법칙들과 그것에 상응하는 **종적**[spezifische] 법칙들, 그러나 다른 법칙들과의 비교를 통해서 또한 자연 사물들과 **유적으로 부합하는**[generisch überstimmende] 형식들을 알아내기 위해 수행하는 경험적 표상들의 비교는 모두 다음과 같은 전제를 갖을 수밖에 없다: 자연은 경험 법칙에 직면하여서도 역시 어떤 특정한, 우리 판단력에 적절한 절약성과 우리가 파악 가능한 균일성을 눈앞에서 놓치지 않는다. 그리고 이러한 전제는 선험적 판단력의 원칙으로서 그 모든 비교에 선행한다.

반성적 판단력은 이처럼 특정 자연 사물들에 대한 경험적 개념들하에 포섭하기 위해 이 주어진 현상들을 도식적[schematisch]이 아니라 **공학적**[technisch]으로 다룬다. 이는 마치 도구이기나 하듯 오성과 감각이 이끄는 대로 그저 역학적[mechanisch]으로 처리하지는 않는다는 말이다. 그렇지 않고 **기예적**[künstlich]으로 대하는 것인바, 이는 보편적이지만 동시에 자연을 하나의 체계 속에서 합목적적으로 질서 지우는 비규정적인[unbestimmten] 원칙에 따른다는 말이고, 아울러 동시에 우리 판단력을 위하여, 다시 말하자면 하나의 체계로서의 경험의 가능성 — 그런데 이 가능성이 전제가 되어 있지 않다면 우리는 가능한 특수 법칙들의 다양성의 미로 속에서 제 길을 찾는다고 희망할 수 없다 — 을 위한 판단력의 특수 법칙들(이에 대해 오성은 아무것도 말해주지 않는다)에 적합한 관계 속에서 처리한다는 뜻이다. 그리하여 판단력은 스스로 **자연의 공학**[Technik der Natur]을 선험적으로 반성의 원칙으로 삼지만, 그렇다고 이 자연의 공학에 대한 해명을 좀더 자세히 규정할 수 있게 되거나 아니면 여기에 소용될 보편 자연 개념들의 객관적 규정 근거를 갖게 되는 것은 아니다. 단지 자기 자신의 주관적 법칙들에 따라서, 자신의 욕구에 따라서 하나 그러면서도 동시에 자연법칙 일반과 합일을 보면서 반성할 수 있기 위해서 그러하다.

반성적 판단력의 원칙은 자연을 경험 법칙에 따르는 체계로 사유하도록 한다. 그러나 이 원칙은 순전히 **판단력의 논리적 사용을 위한**[für den logischen Gebrauch der Urteilskraft] 원칙이다. 이는 그 근원을 따져보면 초월적 원칙이기는 하지만, 그러나 단지, 경험 법칙들에 따라서 보면 다양하게 드러나는 자연을 선험적으로 하나의 논리적 체계가 되도록 질적 변환(qualifiziert)을 거친 것으로 간주하기 위한 것이다.

　한 체계의 논리적 형식이란 단지 주어진 보편 개념들을 (여기에서는 자연 일반이라는 개념) 분류하는 가운데 있으며, 이는 사람들이 특수자를 (여기서는 경험자) 그 다양성을 유지한 채 보편자 속에 포함된[enthalten] 것으로 특정한 원칙에 따라 사유함으로써 가능해진다. 여기에 속하는 것으로서는 사람들이 경험적으로 처리하면서 특수자에서 보편자로 상승하는 경우인 다양한 것들의 **등급화**[Klassifikation] 즉 각각 특정한 개념 아래 포섭해 있는 여러 등급들을 서로 비교하는 것, 그리고 그 등급들이 공통의 특질에 따라 완성되어있는 경우에는 전반적인 등급화 원칙을 포괄하고 있는 개념(최상급에 해당)에 이를 때까지 그 등급을 한 단계 더 높은 상위 등급[유 Gattung] 아래로 추론하는 것이다. 이와는 반대로 온전한 분류를 동원하여 특수 개념으로 하강하기 위해 보편 법칙에서부터 출발하게 되면, 이러한 처리는 주어진 개념하에서의 다양한 것의 **특수화**[Spezifikation][52]라 불리

52　특수화[Spezifikation]: 체계적 통일의 원칙들에는 형식들의 '특수화'의 준칙[Maxime] 혹은 원칙[Prinzip]이 속한다. 이 원칙은 단지 논리적이기만 한 것이 아니고 '초월적'인 의미를 갖는다. 다시 말해 자연현상들 자체에 해당한다. 이 말은 최하급의 종[unterste Arten]은 염두에 두지 않고 계속 하위 종[Unterarten]을 거듭 가정해야 한다는[anzunehmen sind] 뜻이다. 이는 동종의 것[das Gleichartige]이 더 아래의 하급 종[niedere Art]으로 내려가는 변종의

게 된다. 여기에서는 가장 상급의 유[Gattung]에서 하위의 것으로 (하위 유 혹은 종) 그리고 종에서 하위 종으로 계속 나아간다. 보편자 아래에 있는 특수자를 특수화해야[spezifizieren] 한다고 말하는 것보다는 잡다한 것[das Mannigfaltige]을 보편 법칙 밑으로 끌고 들어감으로써 보편 개념을 특수화한다고 말하는 편이 더 정확한 표현이 될 것이다. 왜냐하면 유는 (논리적으로 고찰하였을 때) 질료 혹은 가공되지 않은 기체[Substrat]이다. 이것은 자연을 여러 규정을 통해서 특수한 종들과 하위 종들로 가공해 내는 것으로서, 어떤 특정한 법칙에 따라서 (혹은 한 체계의 이념에 따라서) 자연이 자기 자신을 특수화한다고 말할 수 있다. 법률학자들에게서 이 단어가 유사한 쓰임새로 사용되는 경우를 볼 수 있는데, 특정한 무가공의 질료를 특수화한다고 했을 때이다.[53]

이제 우리에게 다음은 분명하다. 반성적 판단력은 자연이 스스로 자신의 초월적 법칙들을 어떤 원칙에 따라 **특수화한다**는 사실을 전제하지 않는다면 전체 자연을 그 경험적 다양성에 따라 등급화하는 일을 본성상 도모할 수 없으리라는 사실이다. 이

기본 법칙이다. 그리고 사람들이 보편 개념들을 가지고 개체들[Individuen]로 주의를 돌리기 전에 하위 종[Unterarten]들을 구분하라고 명령하는 것이다. KrV. tr. Dial. Anh. v. d. (R. Eisler, Kant-Lexikon, S. 504—505)

53 **(일주)** 아리스토텔레스학파는 유[Gattung]는 질료[Materie]라고 부르고, 그러나 그 특정한 차이(spezifischen Unterschied)는 형식[Form]이라 불렀다.

원칙이란 바로 판단력의 능력 자체에 대한 적합성의 원칙 이외에 다른 것일 수 없는데, 다양성을 경험 개념들[등급들 Klassen] 아래에 그리고 이 개념들을 보다 보편적인 법칙들(상급 유) 아래에 포섭하며, 그리하여 자연의 경험적 체계에 도달할 수 있도록 하기 위하여, 가능한 경험 법칙들에 따라 사물들의 그 측량하기 어려운 잡다함 가운데에서 그 사물들의 만족할만한 친화성을 접하게 하는 그 원칙 말이다. — 이와 같은 등급화가 어떤 일상적인 경험 인식이 아니라 하나의 가공적인[künstlich] 경험 인식이듯이 자연 역시, 그것이 위에서 말한 그런 원칙에 따라 특수화되는 한에서, **기예**[Kunst]로 파악되어지고 판단력은 필연적으로 자연의 **공학**[Technik der Natur]이라는 원리를 선험적으로 동반하는 바, 그런데 이 기술은 초월적인 오성 법칙들에 따르는 자연의 **법칙 정립**[Nomothetik]과 아래 사항에서만 차이가 날 뿐이다. 초월적 오성 법칙들에 따르는 법칙 정립은 그 원칙을 법칙으로 적용한다. 그러나 자연의 공학은 오직 필연적인 전제로서만 받아들인다.[54]

---

54 **(원주)** 린네우스[Linnäus]가 어떤 돌을 발견하여 화강암이라고 명명하였는데 그 돌이 다른 돌들과 겉보기에는 비슷하지만, 내적 속성으로는 다를 것이라는 점을 시종일관 고려할 수밖에 없었다면, 그리고 그가 단지 언제나 개별적인 것, 오성에 대해서는 균일하게 고립된 사물들을 포착하기를 기대할 뿐이지 유개념이나 종개념 아래로 가져갈 수 있는 그런 사물들의 한 등급을 기

그러므로 판단력에 고유한 원리는 이러하다: **자연은 판단력을 위하여 논리 체계의 형식에 따라 자신의 보편적 법칙들을 경험 법칙들로 특수화한다.**

여기에서 이제 자연의 **합목적성**[Zweckmäßigkeit]이라는 개념이, 그렇지만 이성 개념으로서가 아니라 반성적 판단력에 고유한 개념으로서 도출된다. 왜냐하면 목적이 결코 객체[55] 속에 있

대하지는 않는다고 한다면, 그러면 그는 자연의 체계를 구상하겠다는 희망을 가져볼 수 있었을까?

55 객체[Objekt]: 경험의 객체는 '물자체'가 아니고, 느낌들과 표상 요인들의 단순히 조합된 복합체도 아니다. 객체는 초월적 통각의 매개로 범주를 통하여 오성이 직관의 잡다를 하나의 통일된 법칙적 연관으로 결합하는 것을 통해 구성된다. 경험의 객체는 모든 주체에게 타당하고, 가능한 경험의 자료들을 필연적으로 스스로를 묘사하면서 공통적인 연관이고, 하나의 통일적인 규칙에 의해 규정되는 바, 이 규칙[Regel]에 의해 이 연관은 심리적-주관적인 표상결합[Vorstellungsverbindungen]들과 근본적으로 구별된다. 이러한 연관과 그러한 연관의 전체 체계 속에서 어떤 확고한 자리를 차지하는 것은 객관적이고 실질적이며 그것은 '경험적 실재[empische Realität]를 갖는다. 특수하고 경험적인 객체들은 객체 일반의 보편적 관념이 직관적인 것에 적용됨을 발견하는 것을 통해 주어진다. 모든 직관 내용으로부터 분리되고, 추상적으로 생각된, 초월적 객체는 대자적으로 인식 가능한 대상이 아니며, 주어진 소여들의 객관화를 위한 통일점이다. 이 통일점은 초월적 통각의, 순수한 나[Ich]의 컬레 개념[Korrelat]이다. 이 나[Ich]는 최상규의 전제이고, 체험의 기초이다. 초월적 객체는 동시에 물자체인 바, 이 물자체가 특수한 객관적 현상의 근

지 않고 오로지 주체[56] 안에, 그것도 주체의 반성하는 바로 그 능력에 놓여있기 때문이다. — 우리는 어떤 것의 현존이 바로 그 사물의 표상을 전제하는 것처럼 보일 때 합목적적이다, 라고 말한다. 그런데 마치 판단력이 자신의 고유한 사용을 위하여 이들을 고안해내기라도 한 듯한 성질을 보이면서 서로서로 연관을 맺고 있는 자연법칙들은 그 사물들의 표상을 사물의 근거로 전제하는, 사물의 가능성에 대한 유사성을 지닌다. 말하자면 판단력은 자신의 원리를 통해, 자연 형식들을 경험 법칙들을 통해서 특수화하는 과정 속에서 자연의 합목적성을 사유한다.

거로 생각되듯이 그러하다. (R. Eisler, Kant-Lexikon, S. 391)

56　주체[Subjekt]: 내부 지각의 대상인 주체는 대상인 한, 현상[Erscheinung] 이지 즉자인 듯한 주체는 아니다. KrV. tr. Ästh. §8. 사유하는 주체로서의 나는 나 자신을 '사유된 객체'로서 인식한다. 사유하는 나, '통각의 나'는 사유의 초월적 주체를 의미하는 X, 자신의 사유하는 행위를 통해서만 자신의 술어로서 인식될 수 있는 어떤 X 의식(인식이 아니라)일 뿐이다. 반면 우리는 그로부터 떨어져 나온 채로 있으며, 그 자체만을 위해서는 어떤 개념도 가지고 있지 않다. '규정하는 자아'란 순전히 자신만을 위해서는 어떤 인식의 대상이 아니며, 모든 표상하는 것의 형식일 뿐이다. '나는 주체가 아닌 것으로는 실존할 수 없다'라는 문장은 틀렸다. '나는 나의 실존을 사유할 때 나를 단지 판단의 주체로 필요로 할 수 있을 뿐이다.'라고 말해야 한다. 주체로서의 자기에 대한 관련은 사유의 형식이다. 사유 속에서 나는 의식의 주체로 된다. (R. Eisler, Kant-Lexikon, S. 514)

그러나 그렇게 함으로써 이 형식들 자체가 합목적적이라고 생각되지 않고 단지 그 형식들 서로서로 간의 관계만이, 그리고 그 엄청난 다양성에도 불구하고 경험 법칙들이 이루는 하나의 논리적 체계에 잘 들어맞는다는 점에서만 합목적적이라 생각된다. — 자연이 우리에게 바로 이 논리적 합목적성 이상은 아무것도 제시해주지 못한다 해도, 우리는 그 합목적성을 보편 오성 법칙들에 따라서 제시할 근거를 알지 못한 까닭에, 우리는 여기에 대해 경탄할 만한 충분한 이유를 가진다고 할 만하다. 그렇지만 이런 경탄이 가능한 사람은 이른바 초월 철학자가 아니고는 어려운 일이며, 이 초월 철학자 자신도 어떤 경우에 이 합목적성이 구체적으로 증명되는지 그 특정한 경우를 지적하기 어려울 것이니, 오로지 그것을 보편자 속에서 사유해야 할 따름이다.

VI

특수 체계들로 드러나는
자연 형식들의 합목적성에 관하여

자신의 경험 법칙들 내에 있는 자연은, 경험적 인식의 **한 체계**로서, 어떤 가능한 경험에 요구되는 그만큼 스스로를 특수화[spezifiere][57]해 나간다는 사실 ― 자연의 이러한 형식은 논리적 합목적성을 내포하고 있다. 다시 말하자면 경험의 전체에서 판단력이 목도하는 경험 개념들의 가능한 연관[58]을 고려해본다

---

57 특수화[spezifiziere]: 종별화(種別化)라고도 할 수 있다.

58 연관[Zusammenhang]: 우리의 경험을 이루기 위해 선험적인 근원을 가져야만 하며 그리고 어쩌면 우리 감각의 표상에 합목적성을 부여하기 위해서만 기여하는 그런 인식들이 모여든다. (KrV 1.A. Ein. I) 경험적 인식의 대상으로서 자연은 현상 형식에 합당해야만 한다. 왜냐하면 자연은 그렇지 않은 경우에, 우리에게 자연일 수 없기 때문이다. 자연 속에서 하나의 연관을, 현상의 잡다를, 어떤 서로 연결되는 하나의 의식으로 보내는 우리의 능력에 합치하는 어떤 연관을 찾을 수 없으면 그 자연은 인식할 만하지 않다. ― 오성은 그가 지닌 범주를 통해 그리고 기본 원칙들을 통해 객관적 연관을 산출하며 자료들의 통일된 연관으로서 경험을 산출한다. 이성은 인식의 한 원리로부터 체계적 연관을 이룬다. 판단력은 특수 경험과 법칙의 다양성을 (조절하는) 통

면, 자연 형식이 이 판단력의 주관적 조건들에 일치한다고 볼 수밖에 없다. 하나 이 경험의 전체는 경험의 생산물들에 실재적인 [reale] 합목적성을 부여하는 일, 즉 개별 사물들을 체계들의 형식 속에서 산출해내는[59] 과정에 어떤 결과를 끼치지는 못한다. 왜냐하면 이 개별 사물들은, 직관에 따라서 본다면[60] 언제까지라도 그냥 집합체로 남아있을 수 있으며, 그러면서도 경험 법칙들 ― 논리적 구분의 한 체계 내에서는 여타의 법칙들과 서로 관련을 맺고 있는 경험 법칙들 ― 에 따라서는, 그 특별한 가능성을 위해 별도로 설정된 개념이 그 가능성의 전제로 간주되지 않아도, 즉 가능성의 기초를 이루는 자연의 합목적성을 꼭 전제하지 않아도 되는 일이 있을 수 있기 때문이다. 이런 방식에 해당되는 일례를 들자면 다음과 같다. 우리는 땅, 돌, 미네랄 등등이 그 어떤 목적에 따른 형식들에 얽매이는 게 아니라, 순전히 집합체[Aggregat]라고 바라본다, 그럼에도 그 가능성의 내적 특성들과 인식 근거들에 따라서 관찰한다면 서로 친화성을 보여, 이 물질들이 체계의 한 형식을 **사물들 스스로에게서** 제시하지 않으면서도 경험 법칙들하에서 자연의 체계 안에서 일어나는 사물들의

일 원칙에 따라 판단한다. (R. Eisler, Kant-Lexikon, S. 622)

59 hervorbringen: 생산하다. 산출하다. 끄집어내다.

60 der Anschauung nach

분류화[Klassifikation] 과정에 유용한 경우이다.

그러므로 나는 자연 형식들의 **절대적 합목적성**이라는 말을, 우리 판단력 내부에 있는 그 형식에 대한 이념이 어떤 것들의 가능성에 기초를 이루고 있지 않을 수 없도록 그렇게 형성된 형식들의 외부로 보이는 외적 형태나 내부 구성으로 생각한다. 왜냐하면 합목적성이란 우연한 것이 그 자체로서 성립하는 합법칙성이기 때문이다. 자연은 집합체로 자신의 생산물들과 관련하여서는 **역학적**[mechanisch]으로, 즉 **순전한 자연**[blosse Natur]으로 처리한다; 그렇지만 체계로서 그 생산물들과 관련하여서는, 일례로 결정체들, 온갖 꽃들의 형태, 아니면 들의 식물들과 짐승들의 내부와 관련하여서는 **공학적**[technisch]으로, 다시 말해 **기예**[Kunst]로서 처리한다. 자연 존재들을 판단하는 이 두 방식의 구분은 전적으로 반성적 판단력에 의해서만 이루어진다. 이 반성 능력은 규정적 판단력이 (이성의 원칙들하에서) 대상들 자체의 가능성과 관련하여 허용하지 않은 것, 즉 무엇이든 역학적인 설명 방식에 의지해서만 알려고 하면서 자연에 허용하지 않아 온 것, 그것을 온전하게 그리고 일어날 수밖에 없도록 할 수 있는 능력이다; 그런데 두 가지 방식은 온전히 더불어 일어날 수 있다. 어떤 한 현상에 대한 **설명**[Erklärung]은 객관적 원칙들에 따라 수행하는 이성의 일이므로, **역학적**[mechanisch]인 반면에, 똑같은 대상들을 판단하는 규칙은 그 대상들을 반성하는 주관적 원칙들에 따라 **공학적**[technisch]이라 일컬어져야 할 것이다.

여기에서 이런 물음이 제기될 수 있겠다. 자신의 일반 법칙들을 특수화해가는 과정에서 자연의 합목적성에 관한 판단력의 원칙이 **그 자체 합목적적인 자연 형식들**을 산출해내는 결과로 귀결될 만큼 그렇게 충분히 나가는 일은 결코 발생하지 않는 것은 아닌가 (왜냐하면 심지어 합목적적 자연 형식들 없이도 경험 법칙들에 따르는 자연의 체계는 가능한데, 판단력이 그런 체계를 요청할 근거를 가진 까닭이다.) 그리고 이 합목적적인 자연 형식들이 오로지 경험에 의해서 주어질 수밖에 없을 수도 있지 않은가: 그렇다 하더라도 판단력의 원칙은 계속 존재하는데, 왜냐하면 우리가 일단 합목적성의 원칙을 그 특별한 원칙들 안에 있는 자연에 적용할 근거를 가지고 있기 때문에, 경험이 우리에게 합목적적인 형식들을 그 생산물들로 드러내 준다면, 이들을 그 처음의 것이 근거했던 바와 똑같은 근거에 귀속시키는 일이 언제라도 **가능하고**[möglich] 또 허용된다.

비록 이 근거 자체가 심지어 초감성적인[übersinnlichen] 것에 놓여 있고 그리고 우리에게 가능한 자연 통찰의 범위를 넘어서는 것일지라도, 그래도 우리는 역시 아래의 사실을 이미 획득한 것이 된다. 경험 과정에 들어있는 자연 형식들의 합목적성을 위해 우리가 자연의 합목적성이라는 초월 원칙을 판단력에 지니고 있다는 사실 말이다. 이 원칙은 이 형식들의 가능성을 설명하기에는 불충분할지라도, 그럼에도 최소한 이 특별한, 합목적성이라는 개념을 자연과 자연의 합법칙성에 적용하는 일을 허용하도록 한다. 이 개념이 어떤 객관적인 자연 개념일 수가 없고, 오히려 주관적인 관계들부터 벗어나 순전히[bloß] 마음[Gemüt]의 한 가지 능력으로 간주될지라도 말이다.

VII.

자연의 공학[Technik der Natur]이라는 이념의 근거가 되는 판단력의 공학[Technik der Urteilskraft]에 관하여

위에서 드러난 바와 같이 무엇보다도 판단력은 자연에 있어서 자연의 역학적인 필연성 이외에도 합목적성이라는 것을 생각하는 것이 가능하도록, 아니 꼭 생각하도록 만든다. 이러한 합목적성을 전제하지 않는다면, 경험적 법칙들에 따라 철저한 분류화 과정에 있는 특수 형식들이 체계적 통일을 이루는 일은 가능하지 않을 것이다. 무엇보다도 앞서 드러난 사실은 합목적성이라는 저 원칙이 자연을 분류하고 특수화하는 데 있어서 단지 하나의 주관적인 원칙일 뿐이므로, 자연 생산물들에 관해서 아무것도 규정하지 않는다는 점이다. 이렇게 하여 이 합목적성은 오로지 개념으로만 남고, 경험 과정에서 판단력을 논리적으로 사용하는 경우에는 실로 경험 법칙들에 따른 자연의 통일이라는 준칙[Maxime]을, 객체들에 대한 이성 사용을 위해, 바탕으로 삼는다. 그러나 이런 독특한 방식의 체계적 통일에 의해서는, 즉 어떤 목적이라는 표상에 따라서는, 대상들의 형식에 조응하는 산물들 이외에는 어떤 대상들도 자연에 주어지지 않게 된다. — 사연의 산물들을 목적으로 보고 그 형식을 마주하였을 때 자연에 나타나는 **인과성**[Kausalität]을 나는 자연의 **공학**[Technik]이라 이름 붙일 것이다. 이는 자연의 역학성[Mechanik]에 대응하는 것인데, 합일의 그 방식의 근간을 이루는 개념 없이도 다양한 것들을 연결하는 인과성 속에 존재한다. 대충 예를 들자면, 기중기의 경우, 우리가 그 기중기를 특정 목적을 노리는 효과를 위해 사용하지만, 그 목적의 근저에 놓인 이념이 없어도 효과를 볼 수 있는 경우이다. 예컨대, 지렛대나 경사면들은 기계들[Maschinen]이지, 예술 작품[Kunstwerke]들이라 일컬어질 수 없음과 사정이 같다. 기계들은 어떤 목적으로 사용될 수는 있을지언정, 오로지 자기 자신에 대한 목적 관련 내에서만 존재하기는 불가능하기 때문이다.

여기서 제일 처음으로 제기되는 의문은 어떻게 하여 자연의 공학이 자연의 산물들에서 지각되는가[wahrnehmen] 하는 문제이다. 합목적성이라는 개념은 결코 경험을 구성하는 개념이 아니고, 객체에 대한 경험적 **개념**에 속하는 현상에 대한 규정도 아니다. 왜냐하면 이는 범주가 아니기 때문이다. 우리의 판단력으로 우리는 합목적성을 지각[wahrnehmen]하는데, 판단력이 객체의 경험적 직관을 (결정되지 않은) 어떤 개념 아래로 가져가기 위해 객체의 경험적 직관에 대해 반성을 하든, 아니면 경험 개념이 포함하고 있는 법칙들을 공통의 원리들로 가져가기 위해 경험 개념 자체에 대해 반성을 하든, 주어진 객체에 대하여 반성을 하는 한에서 그러하다. 이렇듯 **판단력**은 본래 공학적[technisch]이다. 자연은 판단력의 이러한 처리 과정에 들어맞고 그리고 꼭 그렇게 처리되도록 만든다는 한에서는 오직 공학적으로만 표상된다. 곧이어 우리는 표상들의 합목적성에 대한 내적 지각을 가능하게 하는 반성적 판단력이라는 개념이 어떻게 객체를 내포한 것으로서의 그 객체의 표상에도 적용될 수 있는지, 그 방식을 드러내 보일 것이다.[61]

모든 경험적 개념에는 이른바 독자적으로 활동하는 인식 능력의 세 가지 활동 양식이 속한다: 1. 직관의 잡다[Mannigfaltigen]를 **포착하는 것**[Auffassung (apprehensio)] 2. **종합**[Zusammenfassung] 즉 이 잡다를 한 객체의 개념으로 의식하는 종합적 통일[apperceptio comprehensiva] 3. 직관에서 이 개념에 상응하는 대상을 드러내는 **제시**[Darstellung(exhibitio)]. 첫 번째 활동에는 구상력[Einbildungskraft]이, 두 번째 활동에는 오성[Verstand]이, 세 번째는 판단력[Urteuilsjraft]이 요청되는바, 여기 세 번째에서 어떤 경험 개념이 관건이라면 이 판단력은 규정적 판단력이 될 것이다.

그러나 어떤 한 지각을 순전히 반성하는 중에, 어떤 특정한

---

61 **(원주)** 흔히 사람들은 우리가 목적인[Endursache]을 사물 속에 집어넣는 것이지 사물들의 지각에서 목적인을 불러올리는 것은 아니라고 말한다.

개념이 아니라 오로지 개념 능력으로서의 오성을 위해 어떤 지각을 반성하는 규칙이 문제가 되고 있기 때문이라면, 그러면 아래 사실을 잘 알아볼 수 있을 것이다. 순전히 반성하는 판단에서는 구상력과 오성이, 그들이 판단력 일반에서 여하튼 서로서로 대립해야만 하는 관계에서, 그들이 어떤 주어진 인지에서 실제로 이루게 되는 그런 관계와 비교되면서, 고찰된다는 사실을 알게 된다.

만약에 그렇다면, 경험적 직관에서 어떤 주어진 객체의 형식이란 그 객체의 다양함을 구상력이 포착[Auffassung]한 것이 오성 개념 (규정되지 않은 어떤 개념)의 제시[Darstellung]와 일치를 보는 성질의 것이라면, 그렇다면 순전한 반성에서는 오성과 구상력이 서로서로 상대방의 일을 촉진하는 방식으로 일치를 보일 것이며, 그리고 대상은 합목적적으로 순전히 판단력을 위해 인지되고, 합목적성 자체는 오로지 주관적으로 관찰될 것이다. 게다가 어찌 되었든 객체의 어떤 특정 개념이 전혀 요청되지도 않으며 특정 개념이 이 활동을 통해 산출되지도 않는다. 그리고 이러한 판단 자체는 인식 판단이 아니다. — 이런 판단을 **미적 반성-판단**[ä s t h e t i s c h e s Reflexions-Urteil]이라 한다.

반면, 만약에 경험 개념들과 바로 그런 법칙들은 자연의 역학성에 따라서 주어져 있고, 그리고 판단력이 그와 같은 오성 개념을 이성 및 어떤 체계를 가능하게 하는 이성의 원리와 비교한다면, 그때 만약에 이 형식이 대상에 적용된다면, 그렇다면 합목적성이 **객관적**[objektiv]으로 판단되고, 그리고 이 사물은 **자연 목적**[Naturzweck]이라 일컬어질 터인데, 왜냐하면 이미 그보다 앞서 사물들이 규정되지 않은, 합목적적[unbestimmt—zweckmäßig] **자연형식**[Naturformen]들로 판단되어졌기 때문이다. 자연의 객관적 합목적성에 대한 판단을 일컬어 **목적론적**[t e l e o l o g i s c h] 판단이라 한다. 이 판단은 **인식 판단**[Erkenntnisurteil]이다, 그렇지만 동시에 반성적 판단력의 일에 속하지 규정적 판단력에는 속하지 않는다. 왜냐하면 자연의 공학은 그것이 단지 **형식적**[formal]이든 아니면 **실재적**[real]이든, 전적으로 사물들과 우리 판단력과의 관계일 뿐인바, 여기에서만 자연의 합목적성이라는 이념이 적용될 수 있고, 그리고 이 합목적성 이념은, 오직 판단력과의 관련에서만, 자연에 부여되는 것인 까닭이다.

VIII.

판정 능력의 미학[Ästhetik]에 대하여

미적 **표상 방식**[Vorstellungsart]이라는 표현은, 어떤 대상에 대한 표상의 관련이, 현상으로, 그 대상의 인식이 된다고 이해하면 아주 명료하다; 왜냐하면 이렇게 되면 **미적**[Ästhetischen]이라는 표현이 오직 뜻하는 바는 그와 같은 표상에 감성의 형식 (어떻게 주체가 촉발[affiziert] 되는가 하는)이 필연적으로 결부되고, 이 형식이 객체(그러나 단지 현상[Phänomen]으로서)에 어쩔 수 없이 이전된다는 점이다. 이렇게 하여 초월 미학이 인식 능력에 귀속되는 학문으로 존재할 수 있었다. 그러나 어느 때부터인가 하나의 표상 방식을 미적[ästhetisch]이라고 즉 감각적[sinnlich]이라고 할 때, 이 표상을 인식 능력이 아니라 좋고 싫은 감정에 관련시키는 어떤 습관이 자리 깊었다. 우리가 이 감정 또한 (이 지칭에 걸맞게) 어떤 (우리 상태의 한 양태[Modifikation]로서) 감(感[Sinn])으로 지칭하는 데 익숙하더라도—왜냐하면 우리에게 어떤 다른 표현 가능성이 있는 것이 아니므로— 이 감(感)은 그 규정이 대상을 인식[Erkenntnis]하는 데 사용될 객관적 감

[感]이 아니다. (왜냐하면 좋은 느낌으로 관찰하거나 인식한다는 것은 단순히 표상의 객체와의 관련이 아니라 주체의 수용성 [Empfänglichkeit]이기 때문이다.) 이 감[感]은 대상들에 대한 인식에 아무런 것도 기여하는 바가 없다. 바로 이런 연유로, 감정의 모든 규정들이 전적으로 주관적 의미를 지니고 있으므로, 인식 능력의 미학이 존재하는 방식으로 감정의 미학이 학문으로 존재할 수 없다. 이런 까닭에 미적 표상 방식이라는 표현에는 어쩔 수 없이 애매한 점이 남을 수밖에 없다. 때로는 사람들이 좋고 싫은 감정을 유발하는 표상으로 이해할 것이고, 어느 때는 우리에게 대상들을 단지 현상으로서만 인식하게 하는 감각적 직관이 적용되는, 인식 능력에만 전적으로 관계되는 것으로 이해하기도 한다.

이런 애매성은 그러나 이 미적이라는 표현을 직관이나 오성의 표상들에 사용하지 않고 오로지 **판단력**의 행위들에만 적용할 경우 사라지게 된다. **미적 판단**[ästhetisches Urteil]은 사람들이 그것을 객관적 규정을 위해 사용하려고 마음먹으면 너무나 눈에 띄게 모순적으로 드러나서 이 표현이 가져다줄 오해를 충분히 막을 수 있다. 왜냐하면 직관들은 진정 감각적[sinnlich]일 수 있다. 그러나 **판단**[Urteilen]들은 무슨 일이 있어도 (넓은 의미에서) 오성에 속하고, 미적이나 감각적으로 **판단**한다는 것은, 이것이 한 대상의 **인식**이 되어야 하는 한에서는 그 자체가 하나의 모순을 일으킬 수밖에 없는데, 감성이 오성의 사무에 끼어들어, 오성이 그릇된 길로 나아가는 경우가 되기 때문이다. **객관적** 판단은 언제나 오성이 내리고, 이런 한에서 미적이라 불릴 수 없다. 그러므로 우리의 인식 능력에 대한 초월 미학은 감각적 직관들에 관해서는 이야기할 수 있지만, 미적 판단에 대해서는 절대 이야기할 수 없다. 왜냐하면 이런 미학이라면 객체를 판단하는 인식 판단에만 관계하고 있고, 이 판단들은 모두 논리적이 되어야만 하기 때문이다. 객체에 관한 미적 판단이라는 명명이 즉각적으로 드러내 주는 바는, 주어진 표상이 객체와 확실히 관련을 맺고 있지만, 판단에서는 그러나 객체에 대한 규정이 아니라 주체와 주체의 감정에 대한 규정이 이해되고 있다는 사실이다. 왜냐하면 판단력에는 오성과 구상력이 어떤 상호관계에 있는 것으로 관찰되는데, 이 관계는 첫눈에는 객관적인 것으로, 즉 (판단력의 초월 도식에서 일어나듯) 인식에 귀속되는 것으로 고려될 수 있다. 그렇지만 두 가지 인식 능력 중에 하나가 동일한 표상에 작용하는 다른 능력을 촉진하거나 방해하는 방식으로, 그리고 그러는 중에 **마음 상태**[Gemützsustand]를 촉발[affiziert]하는 한에서, 말하자면 느낄 수 있는 [empfindbar] (이는 다른 한쪽의 능력을 따로 떼어내고 사용하지 않은 경우에 발생한다) 어떤 관계를 이룰 때, 사람들은 두 인식 능력들이 맺는 이 관계를 전적으로 주관적으로만 관찰할 수 있다. 비록 이 느낌이 객체에 대한 감각직 표상은 아닐지라도, 그럼에도 이 느낌은 주관적으로 판단력을 통한 오성 개념들의 감각화와 주관적으로 관련되어 있으므로, 저 능력의 활동으로 촉발되어진, 감성에 결부되어진, 주체 상태의 주관적 표상이라 일컬을 수 있고, 이 판단은 미적이라 즉 (규정 근거에 따라서가 아니라 주관적 작용에 따라서) 감각적이라 일컬을 수 있다. 비록 (이른바 객관적) 판단들이 (상급 인식 능력 일반으로서) 오성의 활동이요, 감성의 활동은 아닐지라도 그렇다.

규정적[bestimmende] 판단은 어떤 것이든 모두 **논리적**[logisch]이다. 왜냐하면 그 판단의 술어가 주어진 객관적 개념이기 때문이다. 그러나 어떤 주어진 개별 대상들에 관해 오로지 **반성적인**[reflektierendes] 판단은 미적일 수 있는데, (다른 대상과의 비교를 일별하기 전이라도) 주어진 직관에 대해 어떤 개념도 준비하고 있지 않은 판단력이 (순전히 대상을 파악하는) 구상력을 (어떤 개념 일반을 제시하는) 오성과 결합시켜서 두 인식 능력이 이루어내는 관계를 인지하는 경우이다. 그런데 이 관계는 판단력 일반의 객관적 사용의 주관적인 조건, 오로지 느낄 수 있는 조건 (이른바 이 두 능력들의 서로 간의 일치)을 이룬다. 그렇지만 미적 감관 판단[ästhetisches Sinnenurteil] 또한 가능한데, 이른바 판단의 술어가 전혀 인식 능력에 귀속되지 않기 때문에 결코 한 객체의 개념일 수 없으면 말이다. 예를 들어 '이 포도주가 입에 맞다'

에서, 이 판단의 술어는 좋은 감정에 귀속시킨 표상의 관계를 직접 표현하지 인식 능력과의 관계를 표현하지 않는다.

그러므로 미적 판단은 일반적으로 그 술어가 어떠한 경우라도 (객체의 한 개념) 인식이 될 수 없는 (비록 동시에 인식 일반에 대한 주관적 조건들을 포함하고 있을지라도) 판단의 경우라고 설명될 수 있다. 이런 판단에서 규정 근거는 느낌[Empfindung]이다. 그런데 생각해보면 무슨 일이 있어도 객체의 개념이 될 수 없는 이른바 단 하나의 느낌은 좋고 싫은 감정이다. 이 느낌은 오로지 주관적인 반면, 여타의 모든 느낌들은 인식을 위해 사용될 수 있다. 따라서 미적 판단은 그 규정 근거가 좋고 싫은 감정과 직접적으로 결부된 느낌에 놓인 판단을 말한다. 미적 감관—판단에서는 이 느낌이 대상의 경험적 직관에서 직접 생산되지만, 미적 반성 판단에서는 그러나 판단력의 두 가지 인식 능력, 구상력과 오성의 조화로운 유희가 주체 속에서 불러일으키는 것이 이 느낌이다. 이는 주어진 표상에서 한쪽의 포착능력[Auffassungsvermögen]과 다른 쪽의 현시 능력[Darstellungsvermögen]이 서로서로 상대방을 촉진시켜 이 관계가 순전한 형식에 의해 하나의 느낌[Empfindung]을 불러일으키는데, 이 느낌이 판단의 규정 근거로 되고, 이 때문에 이 판단이 미적이라 불리고, (개념 없이) 주관적 합목적성이 좋은 감정과 결부되어 있다.

미적 감관 판단[ästhetisches Sinnenurteil]은 질료적인[materiale] 합

목적성을, 미적 반성 판단[ästhetisches Reflexionsurteil]은 형식적 [formal] 합목적성을 내포한다. 그러나 앞의 것은 아무리 해도 인식 능력에 관계되지 않으며, 직접적으로 감관을 통해 좋은 감정과 관련을 맺는다. 단지 미적 반성 판단만이 판단력의 독특한 원칙들 위에 기초하고 있다고 간주될 수 있다. 이른바 주어진 표상에 대한 반성이 (판단의 규정 근거로서) 좋은 감정에 앞서 있다면, 그렇다면 그 결과에서 느껴지기[empfunden] 이전에 이 주관적 합목적성이 사유된다[gedacht]. 그리고 이런 한에서, 즉 그 원칙들에 따라서 미적 판단은 상급 인식 능력에, 이른바 판단력에 귀속되며, 이 능력의 주관적이면서도 일반적인 조건 아래로 대상의 표상이 포함된다. 그러나 어떤 판단의 단순히 주관적인 조건은 그 판단의 규정 근거에 관한 어떠한 규정된 개념을 허용하지 않으므로, 이 개념은 단지 좋은 감정 속에서만 주어질 수 있으며, 그럴 것이 미적 판단은 언제나 반성 판단이기 때문이다. 이와는 달리 판단력 속에서 통합하여 작용하는 인식 능력들과 표상의 비교를 전제하지 않는 그런 판단은 미적 감관 판단이 될 것인데, 이 판단도 주어진 표상을 역시 (그러나 판단력과 그 원칙으로 매개되지 않은 채) 좋은 감정에 연결시킨다. 여기 이 두 판단의 차이를 결정하는 징표는 오직 본문에서 제시될 것인바, 보편타당성과 필연성에 대한 판단의 요구 속에 들어있기 때문이다. 왜냐하면 미적 판단이 이런 요구를 제시한다면, 이 판단은 또한 자신의 규정 근거를 좋고 싫은 감정에서만[bloss im Gefühl]이 아니라 동시에 상급 인식 능력의 규칙에서[in der Regel]도 가지고 있어야 하고, 이 경우에는 판단력의 규칙에서도 가지고 있어야 한다는 요구가 제기되기 마련이다. 판단력의 규칙이란 반성의 조건들과 관련하여 선험적으로 법칙 부여적이며 (gesetzgebend) 그래서 **자율성**[A u t o n o m i e]을 증명하는 것이다. 그러나 이 자율성은 (자연의 이론적 법칙과 관련한 오성의 자율성이나 자유의 실천적 법칙에서의 이성의 자율성처럼 그렇게) 객관적으로, 즉 사물의 개념들이나 가능한 행동들의 개념들을 통해서 유효한 것이 아니라 오직 감정에서 비롯된 판단에 주관적으로만 유효하다. 이런 판단이 보편타당성에 대한 요구를 제기할 수 있다면, 이는 선험 원리들에 근거한 자신의 근원을 증명하는 것이다. 원래는 이러한 법 제정을 **자기 자율성**[Heautonomie]이라 불러야만 할 것이다. 왜냐하면 판단력은 자연도 자유도 아닌, 오직 자기 자신에 대해서만 법칙을 제시하고, 객체들에서 개념을 생산하는 능력이 아니라 눈앞의 사례들을 자신에게 이미 다른 방식으로 주어진 경우들과 비교하고, 그리고 이 결합의 가능성에 대한 주관적 조건들을 선험적으로 제시하는 능력일 뿐이기 때문이다.

이를 통해 다음과 같은 점도 아울러 이해될 것이다. 왜 판단력이 자기 자신만을 위해 (근저에 놓인 객체의 개념 없이) 오로지 반성적 판단력으로 실행하는 행위에서 그런 의식을 동반한 채 자기 자신의 규칙에 주어진 표상을 관련시키는 대신, 모든 느낌들이 그러하듯, 언제나 좋고 싫은 것을 동반하는 느낌에만 반성을 직접 관련시키는 것일까 (여타의 다른 상급 인식 능력에서는 이런 일이 생기지 않는다); 왜냐하면 규칙 자체는 그냥 주관적일 뿐이고, 그리고 이 규칙과의 일치는 오로지 주체와의 관계, 즉 판단의 징표이자 규정 근거로서의 느낌을 드러내 주는 것에서만 인식될 수 있기 때문이다. 그러므로 이 역시 미적이라 불릴 수 있고, 이리하여 우리의 판단들은 상급 인식 능력의 질서에 따라서 이론적[theoretisch], 미적[ästhetisch], 실천적[praktisch] 판단으로 분류될 수 있다. 여기서 미적 판단은 단독으로 상급 인식 능력으로서의 판단력의 원리에 관련시키는 반성 판단만을 일컫게 되는 반면, 미적 감관 판단은 내감[innere Sinne]이 감정인 한에서, 표상들의 내감과의 관계와 직접적으로 관계하는 경우에 해당된다.

덧붙임 [Anmerkung]

여기에서 무엇보다 앞서 쾌[Lust]를 한 대상의 **완전성** [Vollkommenheit]의 감각적 표상으로 설명하는 경우를 해명할 필 요가 있다. 이런 식의 설명에 따르면 미적 감관 판단이나 반성 판단은 언제라도 객체에 대한 인식 판단으로 될 수 있으리라. 왜 냐하면 완전성이란 대상의 개념을 전제하는 일종의 규정인데, 이를 통해서는 대상에 완전성을 부여하는 판단이 여타의 판단 들과 절대 구분되지 않기 때문이다. 사람들이 함부로 주장하듯 개념에 들러붙는 혼란(사람들이 엉뚱하게도 감성이라 명명하곤 해서)으로 야기되는 그런 어떤 것으로서 이런 혼란은 결단코 판 단들의 특수한 차이를 만들어낼 수 없다. 그렇지 않다면 오성 판 단들만이 아니라 이성 판단들에 대해서도 미적 판단이라 불릴 수 있는 판단들이 무수하게 있을 수밖에 없기 때문이다. 왜냐하 면 이런 판단들에서 하나의 객체는 혼란을 일으킨 어떤 개념을 통해 규정되기 때문이다. 정의와 불의에 대한 판단들이 그 일례 가 될 수 있을 것인데 왜냐하면 정의가 무엇인가에 대한 명석한 개념을 지닌 사람은 (철학자들 사이에서도) 아주 드물기 때문이다.[62] 완전성의 감각적 표상이라는 말은 명백한 모순인데, 잡다가 하나로[zu Einem] 일치한 것을 완전성이라 일컬어야 하면, 이는 하나의 개념으로 상정되어야 할 것이다. 그렇지 않으면 완전성이라는 이름을 지니지 말아야 한다. 좋고 싫음을 (단지 자기의 개념을 의식하지 못하는) 오성을 통한 사물의 단순한 인식에 불과한 것이라고, 그리고 이들이 우리에게는 단순한 느낌으로 있다는 듯이 말하려 한다면, 그렇다면 사람들은 이들을 통한 사물

---

62 **(원주)** 이렇게도 이야기해볼 수 있을 것이다. 사물들이 하나의 질[Qualität]에서 다른 질로 넘어가는 것이 순전히 정도의 증가 혹은 감소에 의한 것이므로 결코 종적-상이함[spezifische-verschieden]으로 간주되어서는 안된다. 그런데 개념들이 분명한가 모호한가의 차이는 전적으로 그 개념들에 정향된 주의력의 정도에 따르는 그 특징적 지표[Merkmale]들을 의식하는 정도에 달린 문제이지 하나의 표상 방식이 다른 표상 방식과 종적[spezifisch]으로 다르기 때문이 아니다. 하지만 직관은 개념과 종적[spezifisch]으로 서로 다르다. 왜 그런가 하면, 이 둘은 서로 넘나들지 않기 때문이다. 이 두 가지에 대한 의식[Bewußtsein] 그리고 그들의 특징적 지표[Merkmale]들에 대한 의식은 되는 대로 늘어날 수도 있고 줄어들 수도 있다. (정의 개념에서처럼) 개념들에 의한 표상 방식이 최고로 모호하다고 해도 그것이 오성에 그 근원을 둔다는 점에서 개념들의 종차[spezifischer Unterschied]는 남는다. 그리고 최고로 명징한 직관은 개념에 직관을 조금도 가까이 가져가지 못한다. 왜냐하면 직관의 표상 방식은 감성에 자리 잡고 있기 때문이다. 논리적 명확성 또한 미적 명확성과는 확연하게 구별되는 바, 미적 명확성은 우리가 대상을 개념을 통해 표상하지 않은 경우에도 즉 그 표상이 직관으로서 감각적일지라도 발생한다.

의 판단을 미적[ästhetisch(sinnlich[감각적])]이라 칭하지 말고 언제나 지적[intellektuell]이라고 일컬어야만 한다. 그러면 감각들은 근본적으로 하나의 (진정 자기 자신의 행동들에 대해 충분히 의식하고 있지는 못할지라도) 판단하는 오성에 다름 아닐 것이고, 미적 표상 방식이 논리적인 표상 방식과 특별히 구분되지 않을 것이다. 이처럼 이 둘 사이의 경계 구분을 특정 방식으로 수행하는 것이 불가능하므로 이렇게 서로 다르게 명명하는 것이 아주 불필요하게 될 것이다. (세상의 사물들에 대한 이런 신화적 표상 방식[mystische Vorstellungsart], 즉 개념 일반과는 구분되는 어떤 직관도 감각적인 것으로 허용하지 않아서 이 개념들에는 관조하는 오성 이외에는 다른 어느 것도 남게 되지 않는 이 신화적 표상 방식에 대해서는 여기에서 거론하지 않기로 한다.)

그렇지만 이런 질문을 던질 수는 있을 것이다: 자연의 합목적성이라는 우리의 개념이 **완전성**이라는 개념이 말하는 것과 결국은 같은 뜻이 아닐까, 그리고 주관적 합목적성의 경험적 의식 혹은 특정 대상들에 대한 좋고 싫은 감정은 완전성의 감각적 직관을 말하는 것이 아닐까? 마치 일부 사람들이 즐거움 일반을 이런 방식으로 설명하려는 것처럼.

나의 대답은 이러하다. **완전성**은 다수가 모두 함께 하나를 이룬다는 의미에 한해서, 다수의 완결된 모임으로서 존재론적 개념인 바, 이 개념은 (다양한 것들을 하나의 집합체로 병렬해나가거나[Koordnieren] 아니면 이들을 원인과 결과의 연결 고리로 서로 종속시켜나간[Subordienieren] 조합된 것의 **총체성**(전체성 [Allheit])이라는 개념과 한가지이며, 쾌, 불쾌의 감정과는 조금도 관련이 없다. 어떤 사물의 잡다가 그 사물의 한 개념과 관계하는 **이러한** 완전성은 단지 형식적일 뿐이다. 그러나 내가 **어떤 한** 완전성(그 사물의 같은 개념에 따라서 한 사물에 여러 개가 있을 수 있는)에 대해 이야기한다면, 그러면 늘 하나의 목적으로서, 어떤 무엇인가의 개념이 근거에 놓여 있는 것이며, 여기에 저 존재론적 개념, 다양한 것의 하나로의 통일이라는 개념이 적용될 것이다. 그러나 이 목적이 언제나 객체의 실존에 대한 쾌감을 전제하거나 포함하는 실천적 목적일 필요는 없으며, 공학에 귀속될 수도 있다. 다시 말해 전적으로 사물의 가능성에만 관계하고, 그리고 사물에 있는 **잡다가 그 자체로 우연히 연결되는 합법칙성이다.** 정육각형의 가능성에서 필연적으로 생각되는 합목적성을 하나의 예로서 적용해 볼 수 있을 것이다. 한 평면 위에서 여섯 개의 똑같은 선들이 똑같은 각도로 만난다는 것은 전적으로 우연이다. 그런데 이런 합법칙적 결합은 하나의 개념을 전제로 하는바, 이 개념이 원칙으로 이 결합을 가능하게 한 것이다. 자연 사물들에서 (무엇보다 유기체에서) 관찰되는 똑같은 종류의 객관적 합목적성은 객관적이고 물질적이라고 생각되며, 그리고 (실제로 있거나 아니면 자연에 부과된) 자연의 목적이라는 개념을 필연적으로 동반하는데, 이 개념과의 관련 속에서 우리는 사물들에 완전성을 부여하는 것이다. 이에 대한 판단을 목적론적이라 부르고 이때 쾌감은, 순전한 인과성의 결합에 관한 판단에서 절대 추구돼서는 안 되듯, 절대 동반되지 않는다.

객관적 합목적성으로서의 완전성 개념은 쾌감과 아무런 관련이 없으며, 쾌감 또한 완전성 개념과 전혀 무관하다. 완전성을 판단하는 데 객체의 개념[Begriff]은 반드시 들어가는 반면, 쾌감을 통해 판단하는 데 개념은 절대 필요하지 않다. 오로지 경험적 직관만이 판단을 이끌어 낼 수 있다. 반면에 객체의 주관적 합목적성이라는 표상은 쾌감과 심지어 한 가지[einerlei]이기조차 하며 (목적 관계라는 추상적 개념이 따라붙지 않으면서도) 그리고 주관적 합목적성과 객관적 합목적성 사이에는 넘을 수 없는 엄청난 심연이 가로놓인다. 왜냐하면, 주관적으로 합목적적인 것이 또한 객관적인지 어떤지 여기에 대해서는 여러 차례에 걸친 방대한 연구가 있을 것인데, 실천 철학에서뿐만 아니라 공학에서도, 자연이든 예술이든 간에, 아울러 요청된다. 다시 말하면, 어떤 한 사물에 대해 완전성을 발견하기 위해서는 이성이, 안락함을 위해서는 단순한 감각이, 사물의 아름다움에 다가가기 위해서는 주어진 한 표상에 대한 순전한 반성(모든 개념 없이)만이 요청되어 진다.

미적 반성 능력은 그러므로 대상의 주관적 합목적성(완전성이 아니라)에 관해서만 판단한다. 여기서는 대상에서 느껴진 좋고 싫음을 **매개**[vermittelst]로 해서만 판단하는가, 아니면 심지어 이 좋고 싫음에 대해서 판단하는가, 그래서 쾌와 불쾌의 감정이 대상의 표상과 연결될 **수밖에 없다**[müssen]고 판단이 동시에 규정하는가를 묻는 것이다.

이 물음은 이미 앞에서 거론한 바대로 아직 이 글에서는 충분하게 가려지지 못할 것이다. 이런 종류의 판단들을 본문에서 제시하는 가운데 무엇보다 앞서서 가려야 할 것은 이 판단이 보편성과 필연성을 동반하는가 하는 점인데, 이 점이 이 판단들에 선험적인 규정 근거를 도출하도록 자격을 부여할 것이다. 이 경우 판단은 쾌와 불쾌의 느낌을 매개로 하여 내려지지만, 그러나 주어진 표상과 이 느낌을 연결하는 규칙의 일반성과 관련해서도 동시에 인식 능력(이른바 판단력)을 통해 선험적으로 무엇인가를 규정한다. 그 반면에 판단(인식 판단도 반성 판단도 아닌)이 미적 감관 판단의 경우가 그러하듯이 (인식 원리의 매개 없이) 표상의 감정과의 관계만을 포함하고 있을 뿐이라면 그렇다면 미적 판단들은 모두 전적으로 경험적인 영역에 속하게 될 것이다.

잠정적으로 다음과 같이 부연 설명을 해 볼 수도 있다. 인식에서 쾌, 불쾌의 감정으로의 이행은 결코 대상들의 (감정과의 관련 속에 개념들이 위치한다는 한에서) **개념들을 통한** 이행이 아니다. 그리고 주어진 표상이 우리의 마음에 미치는 영향을 선험적으로 규정하려는 기대를 사람들은 가져서는 안 된다. 우리는 이전에 실천 이성 비판에서는 의지의 보편적 합법칙성이라는 표상은 동시에 의지를 규정하며 그리고 이를 통해 아울러 존경의 감정[das Gefühl der Achtung]을 불러일으킬 수밖에 없음을 우리의 도덕 판단들에 포함된 법칙으로, 그것도 진정 선험적으로 포함된 하나의 법칙으로 고찰하였다. 그러나 이 감정을 개념들로부터 이끌어 낼 수는 결코 없었다. 마찬가지 방식으로 미적 반성 판단을 해부해 보면 그 속에 포함된 선험적 원리에 근거하여, 형식적이지만 주관적인, 객체의 합목적성이라는 개념이 우리에게 주어지는데, 이 개념은 쾌의 감정과 근본적으로는 한가지이나, 그렇지만 어떤 개념에서 도출되는 것은 아니며, 표상 능력이 한 대상을 반성하는 가운데 마음 상태를 촉발할 때, 표상 능력이 감정의 가능성 일반과 맺는 관련이다.

일반적으로 보았을 때 이 감정의 설명은, 그 감정이 감관 느낌[Sinnesempfindung]을 동반하는 것인지, 아니면 반성[Reflexion] 혹은 의지 규정[Willensbestimmung]을 동반하는 것인지 상관없이 초월적이어야 한다.[63] 다시 이렇게 이야기해 볼 수도 있다. 쾌감[Lust]

---

63 (원주) 경험원칙들로 사용되는 개념들에 하나의 초월적 정의[transzendentale Definition]를 내려 보는 것은 유익할 것인데, 그 개념들이 순

수 인식 능력들과 선험적으로 친족관계에 있다고 추측할 만한 이유를 가지고 있다면 말이다. 그렇다면 이때 사람들은 수학자가 밟는 일처리 방식을 따르게 된다. 과제를 풀 때 수학자는 그 과제의 경험 자료들[empirische Data]을 일단 규정하지 않은 채로 둔 다음 그 자료들의 순전한 종합[bloße Synthese]을 순수 산술의 표현들로 가져가보는 식으로 해서 일을 아주 쉽게 처리한다. 그런데 사람들은 내가 욕구 능력[Begehrungsvermögen]을 이런 방식으로 설명하자(『실천 이성 비판』 Vorrede, S. 16), 이의를 제기하였다. 욕구 능력은 그것이 불러올린 표상[seine Vorstellungen]들에 의해서 그렇게 되는, 그 표상들의 대상들의 현실성[Wirklichkeit]의 원인[Ursache]인 능력[Vermögen]으로 정의 될 수 없다는 것이다. 순전한 소망[Wünsche]들 역시 욕구들일 터인데, 이는 자신의 객체를 산출해낼 수 없는 것들이므로 그런 한에서 자제하게 되지 않겠 느냐는 이유를 들었다. 하지만 이 사실은 욕구 능력이 자기 자신과 모순에 처할 때에도 욕구 능력의 규정들이 존재함을 증명할 따름이다. 경험심리학 입장에서 보면 기이한 현상[merkwürdiges Phänomen](논리학 입장에서 보았을 때선입견이 오성에 미치는 영향력을 언급하는 것과 같은)이 있는데, 이런 현상이 욕구 능력을 객관적으로 규정하는 일에, 말하자면 욕구 능력이 그 자체로서 무엇인가 정의 내리는 과정에 어떤 요인에 의해서든 자기규정으로부터 빗나가기 이전에 이 현상이 영향을 끼쳐서는 안 된다. 사실을 말하자면 인간은 도저히 거머쥘 수 없다고, 심지어 절대로 불가능하다고 확신하는 어떤 것에 대해서도 아주 강렬하고도 집요하게 욕구할 수 있다. 이미 벌어진 일을 두고 벌어지지 않은 듯 바라마지 않거나 우리를 무겁게 내리누르는 시간이 좀 더빨리 지나가기를 열망하는 경우처럼 말이다. 도덕을 위해서도 중요한 조항이 있는데, 종종 소설들에 의해, 또 최근에는 그와 유사한 신화적 표상들 즉 초인 저인 완성이나 뜬금없는 열락[Seligkeit] 등이 조장하는 공상적인 공허한 욕구들에 단호한 경고음을 날리는 것이다. 하지만 심장[Herz]을 확장시키고 그리은 어떤 표상이 자기 자신과 일치를 이룬 마음 상태[ein Zustand des Gemüts]인데, 이는 오로지 자기 자신을 유지하는 (한 표상에서 서로서로를 촉진하는 마음 능력들의 상태는 자기 자신을 유지하기 때문이다) 근거이거나 아니면 그 대상을 불러일으키는 근거로 된다. 첫 번째의 경우라면 주어진 표상에 대한 판단

고 축 처지게 하는 그런 공허한 욕망들과 열망들이 마음[Gemüt]에 미치는 효과[Wirkung] 그리고 마음의 힘들이 모두 쇠진하여 일어나는 마음의 갈증이 증명하는 바는, 마음의 힘들은 실제로는 자기 객체들을 정말로 만들어 내기 위하여 반복적으로 표상들을 통해 긴장하게 되지만, 또 그만큼 자주 자신의 무능력을 의식하는 상태로 우리 마음을 빠뜨리는 효과도 있다는 사실이다. 자연은 왜 우리 안에 공허한 소망들과 열망들(이들이 인간의 삶에서 중요한 역할을 하는 것은 분명하다)과 같이 힘을 헛되이 낭비하는 데로 흐르는 소질을 만들어 두었을까 — 이 물음은 인간학이 탐구해볼 만한 가치가 충분한 문제이다. 내가 보기에 자연이 이 지점에서도 다른 모든 경우와 마찬가지로 현명한 조치를 취해둔 것이라 여겨진다. 우리는 자신의 능력이 객체를 불러올릴 만큼 충분하다고 확신하기 이전에는 객체의 표상을 들어 올리는 데 그 힘을 사용하지 않을 것이므로, 우리 힘은 대체로 사용되지 않은 채로 남게 될 것이다. 우리가 자신의 힘들에 대해서 알게 되는 것은 일반적으로 그 힘을 해봄으로써이기 때문이다. 한마디로 자연은 우리가 자신의 능력을 알게 되기 이전에 그보다 앞서 객체의 표상에 힘의 규정을 결부시켜놓았다. 그래서 우리는 대체로 처음에는 일단 마음 자체에 대해 공허한 소망으로 드러났던 그런 시도를 통해 우리 능력이 발휘되는 것을 보게 된다. 이러한 충동을 제어하는 일이 현명하다고 해야 할지는 모르겠으나 그런 충동의 근절이 지혜롭게 성사되는 법은 전혀 없으며 지혜한테 충동을 근절하라는 요구도 결코 해서는 안 된다.

은 미적 반성 판단이 된다. 그러나 두 번째의 경우는 미적–병리적[ästhetisch–pathologisches]이거나 아니면 미적–실천적[ästhetisch–praktisches] 판단이 된다. 여기서 어렵지 않게 볼 수 있는 점은 쾌와 불쾌는, 그것들이 어떤 인식의 방식들이 아니므로, 그 자체로는 결코 설명이 될 수 없고, 이해되지 않고 느껴진다. 이런 연유로 사람들은 이 쾌와 불쾌를 이 감정을 매개로 어떤 표상이 마음능력의 활동에 미치는 영향을 통해서만 미흡하나마 설명해볼 수 있다.

IX.

목적론적 판정에 대하여

나는 자연의 **형식적**[formalen] 공학[Technik]이라는 말을 직관에 들어있는 자연의 합목적성이라고 이해하였다. **실재적**[realen] 공학[Technik]은 개념들에 따르는 자연의 합목적성이라고 이해하려 한다. 첫 번째 것은 판단력에 합목적적인 형태들, 즉 형식을 부여하는데, 이 형식의 표상에서 구상력과 오성은 서로서로 상대방을 자기 개념의 가능성으로 규정한다. 두 번째 것은 자연 목적들로서의 사물들의 개념을 뜻한다. 다시 말해 그 내적 가능성이 하나의 목적을 전제로 하는 것, 즉 사물들의 산출의 인과성(Kausalität)에 조건으로서 근저에 놓인 하나의 개념을 전제로 하는 그런 것들로서의 사물들에 대한 개념을 뜻한다.

판단력은 직관의 합목적적인 형식들을 직접 선험적으로 제시하고 구성할 수 있다. 판단력은 이른바 포착을 위해, 한 개념을 제시[Darstellung]하는 데 적합한 이 형식들을 고안해낸다. 그러나 목적들은, 즉 그 자신이 자기 대상들(작용의 결과들)의 인과성의 조건으로 간주되어지는 표상들은 판단력이 잡다의 조건들을 서로 일치시키기 위해 상대하기 이전에 도대체가 어디에 서부터이든 주어져야만 하는 것이다. 그리고 이것은 자연 목적 [Naturzwecke]이어야 하므로 특정 자연 사물들이 마치 그들이 어떤 원인의 산물들이고, 그 인과성은 오직 객체의 한 가지 **표상** [Vorstellung]에 의해서만 결정될 수 있는 듯, 그렇게 관찰되어야만 한다. 그렇다고는 하나 우리가 어떻게 그리고 얼마나 많은 방법으로 그 무수한 사물들이 그 원인들에 의해서 가능하게 되는지 선험적으로 규정할 수가 없으므로 이를 위해서 경험 법칙들이 불가피하게 필요하다.

자연의 사물들에서 합목적성에 대한 판단은 **목적론적 판단** [teleologisches Urteil]이라 불리는데, 합목적성은 (자연 목적들로서) 사물들의 가능성의 근거로 고찰된다. 미적 판단 자체가 선험적으로 불가능할지라도 그럼에도 선험 원칙들[Prinzipien apriori]은 체계로서의 경험[Erfahrung als System]이라는 필수적인 이념 속에 주어져 있으며, 이 원칙들은 자연의 형식적 합목적성이라는 개념[Begriff einer formalen Zweckmäßigkeit der Natur]을 우리의 판단력을 위해 함유(enthalten)하는 것이다. 그리고 이로부터 선험적 원칙들에 근거하고 있는 그런 것들로서의 미적 반성 판단의 가능성이 선험적으로 해명되었다. 자연은 그 초월 법칙들과 관련해서 우리의 **오성**(Verstand)과 반드시 일치할 뿐만 아니라 경험 법칙들 가운데에서도 **판단력**(Urteilskraft)과도 일치를 이루고,

그리고 구상력을 통해 자연 형식을 경험적으로 포착[empirische Auffssung]하는 가운데 자연을 현시[Darstellung derselben]하는 능력과도 일치를 이룬다. 심지어 순전히 경험을 위해서 그러기도 하는데, 이때 형식적 합목적성은 두 번째 일치(판단력과의 일치)를 보이는 경우에는 더욱이 필연적인 것으로 밝혀진다. 그러나 이제 목적론적 판단의 대상으로서 자연은 이성이 스스로 어떤한 목적에서 도출한 인과성 개념에 따라서 그 **이성**[Vernunft]과도 일치를 이루는 것으로 사유되어야만 한다. 이는 판단력 자체에만 요구될 수 있는 범위를 넘어서는 것이다. 판단력은 물론 직관의 형식을 위해서는 선험 원리를 지니지만, 사물의 산출에 대한 개념을 위해서는 독자적인 선험 원리를 지니지 않는다. 실재적인 **자연 목적**이라는 개념은 이리하여 판단력이 오로지 자기만을 위한 것으로 가정되면, 전적으로 판단력의 범위를 넘어서게 된다. 그리고 하나의 동떨어진 인식 능력으로서 판단력은 오로지 구상력과 오성, 이 두 가지의 능력만을 한 표상에서 모든 개념들에 앞서 그 관계를 고찰하며, 그리고 이를 통해 대상을 파악하는 가운데 인식 능력들을 위해 대상의 주관적 합목적성을 (구상력을 통해) 인지하는 경우라 한다면, 오직 개념을 통해서만 표상될 수 있는 자연 목적으로서 사물들의 목적론적 합목적성 속에서, 이 판단력은 사물들을 자연 목적으로 표상하기 위해서 오성을 (경험을 하는 데 꼭 필연적이지는 않은) 이성과의 관련 속에 위치시켜야만 한다.

자연 형식들에 대한 미적 판정은 대상에 대한 개념을 그 근저에 놓지 않고서도 전적으로 경험적인 직관의 파악에서, 다시 말해 단지 판단력의 주관적 조건들과의 관계에서 맞닥뜨리는 자연의 특정 대상들이 합목적적이라고 알아볼 수 있었다. 그러므로 미적 판정[äthetische Beurteilung]은 객체에 대한 어떤 개념도 필요하지 않으며, 또한 어떤 개념도 발생시키지 않는다. 이런 연유로 미적 판정은 자연 대상들을, 객관적 판단에서 그러하듯, **자연목적**[Naturzweck]이라고 언명하지 않고, 주관적인 관계에서 오로지 표상력에 대해서만, **합목적적**[zweckmäßig]**이라고** 언명한다. 형식들의 이런 합목적성을 사람들은 **형상적**[figürlich] 합목적성이라고, 그리고 이 형식들과 관련한 자연의 공학을 마찬가지로 형상적 공학[technica speciosa]이라고 부를 수 있다.

반면 목적론적 판단은 객체에 대한 하나의 개념을 전제로 하며, 그리고 객체의 가능성을 원인과 결과를 연결하는 법칙에 따라서 판단한다. 그러므로 사람들이 자연의 이 공학을 **조형적**[plastisch]이라고 일컬을 수 있을 것이다. 만약에 이 단어를 훨씬 더 일상적인 의미로, 다시 말해 자연미나 자연의 의도들을 위해 이미 넓게 사용하지 않았다면 말이다. 그래서 이 단어를, 만약 그렇게 부르기를 위한다면, 자연의 **유기적 공학**[organische Technik]이라 불러도 무방할 것이다. 그러면 이 표현은 또한 합목적성이라는 개념을 단지 표상 방식에 대해서 뿐만 아니라 사물 자체의 가능성에 대해서도 지칭하게 된다.

그렇지만 이 장에서 가장 본질적이고 또 가장 중요한 것은 아래의 증명이다: 자연에서의 **궁극 원인**[Endursachen]이라는 개념, 즉 자연의 목적론적 판정을 일반적이고 역학적인 법칙에 따른 판정에서 분리해내는 이 개념은, 오로지 판단력에만 귀속되는 개념이지 오성이나 이성에 귀속되는 개념이 아니라는 사실이다. 다시 말하자면, 사람들이 객관적인 의미에서 자연 목적 개념을 **자연 의도**[Naturabsicht]라고 사용하는 수도 있기 때문에, 이런 사용은 벌써 궤변에나 해당하는 것으로, 절대 경험에 근거하지 않는다. 이 경험은 진정 목적들이 제시하는 것이기는 하다, 그러나 이 목적들이 동시에 의도들이 된다는 사실은 무엇으로도 증명이 될 수 없다. 따라서 이 목적론에 귀속되는 것은 무엇이든지 오직 대상의 판단력과의 관계와 판단력이 (자연을 위해서가 아니라) 자기 자신을 위해 즉 반성적 판단력으로서 법칙 수립적이 되는 판단력의 기본원칙, 이 둘을 포함한다는 사실이다.

목적과 합목적성이라는 개념은 사람들이 이성에 한 객체의 가능성의 근거를 부여하는 한에서 물론 이성 개념이다. 그러나 자연의 합목적성, 혹은 자연 목적들로서 사물 개념 역시 이성을 원인으로서 그런 사물들과의 관계 속에 위치 지우는데, 이 관계 속에서는 우리가 그 가능성의 근거가 어떤 경험에 의해서도 드러나지 않는 사물들을 알게 된다. 왜냐하면 **예술 생산물**[Produkten der Kunst]들에게서만 우리는 바로 그러한 연유로 합목적적이라고 혹은 목적들이라고 불리는 객체들에서 이성의 인과성을 의식할 수 있으며, 그렇게 의식하여 이성을 공학적[technisch]이라 명명하는 것은 우리 자신의 능력이 인과성에의 체험에 합당한 것이기 때문이다. 그러나 (**자연**에 합목적성을 그리고 심지어 목적들을 부여하는) 이성 앞에 스스로를 공학적으로 드러내는 자연은 우리가 체험에서 맞닥뜨릴 수 없는 하나의 특별한 개념이다. 그리고 오직 판단력만이 특수 법칙에 따라, 다시 말해 한 체계의 가능성의 법칙들에 따라 체험을 구성하기 위해, 이 개념을 대상들에 대한 반성 속에 위치시키는 것이다.

사람들은 자연의 모든 합법칙성을 **자연적**[natürlich (Forma finalis naturae spontanae)]인 것이거나, 아니면 **의도적**[absichtlich (intentionalis)]인 것으로 관찰할 수 있다. 순전한 체험은 오직 첫 번째 표상 방식만으로만 가능하다. 두 번째 표상 방식은 자연 목적으로서의 사물들이라는 개념을 넘어서면서 하나의 가설적 설명 방식으로 되는 것이다. 자연 목적들로서의 사물들의 첫 번째 개념은 본래적으로 **반성적**[reflektierend] (미적으로는 아니지만, 논리적으로 반성적인) 판단력에, 두 번째 개념은 **규정적**[bestimmend] 판단력에 속하게 된다. 첫 번째 개념에서는 이성 역시 요청되나 원칙들에 따라 구성되는 경험을 위해서(즉 이성의 **내재적**[immanenten] 사용에서)라는 점에서만 그러하고, 두 번째 개념에서는 그러나 스스로 무한으로 상승하는 (초험적 [transzendenten]으로 사용되는) 이성이 요청된다.

우리는 자연을 우리의 능력 범위에서 할 수 있는 한, 경험에서 자연의 단순한 인과 법칙들에 따르는 인과 결합 내에서 탐구하려고 노력해야 마땅하고 또 그렇게 할 수 있다. 왜냐하면 이 역학적 법칙들 속에 진정한 물리적 설명 근거가 놓여 있으며, 그 연관관계가 이성을 통해 학문적 자연 인식을 이루기 때문이다. 그러나 우리는 자연의 생산물 가운데 특별하고 또 매우 널리 퍼진 유[Gsttung]들을 발견한다. 그런데 이 유들은 우리가 그 내적 가능성에 적합한 원칙에 따른 관찰 즉 경험을 세우려고 한다면, 목적 개념을 근거로 놓아야만 하는 실질적 원인들의 그와 같은 결합을 자기 자신 속에 내포한다. 우리가 단순한 역학적 법칙들에 따라 형식이나 그 가능성을 판단하고자 한다면 — 이런 경우에는 결과의 이념이 그 원인의 가능성에 근거로 놓여 있지 않다 — 그러면 이 자연 사물들의 특수 형식에서 단지 하나의 경험 개념을 얻는 것조차 불가능할 것이다. 이때의 이 경험 개념은 우리를 원인으로서의 내적 소양에서 결과에 이르게 되는 상태로 끌어들인다. 왜냐하면 이 기계들[Maschinen]의 부분들은 각자가 서로 분리된 것들이 아니라 모두 함께만이 가능성의 공통의 근거를 갖게 되는 한에서 그것들에 가시적으로 드러나는 결과의 원인들이기 때문이다. 전체가 부분들의 인과성의 가능성의 원인이라는 사실은 전적으로 물리적 역학적[physisch-mechanisch] 원인들의 자연 본성을 거스르는 일이므로 이로부터 전체의 가능성을 파악하기 위해서는, 오히려 그 이전에 원인들이 주어져 있어야만 한다. 더 나아가 부분의 가능성에 선행하는 것으로서 전체라는 특수한 표상[besondere Vorstellung]은 하나의 순전한 이념이며, 그리고 이 이념은 그것이 인과성의 근거로 간주되면, 목적이라 불릴 것이다. 그렇다면 아래 사실이 명쾌하게 밝혀지게 된다. 그와 같은 자연 산물이 존재한다면, 그것들이 그 형식과 인과성을 목적이라는 하나의 원리에 따라 규정된 것으로 상정하지 않은 채 그 성향과 그 원인을 (이성을 통해 그들을 설명하는 일은 접어두고) 단지 경험 속에서만 탐구한다는 것 역시 불가능할 것이다.

그러면 이제 다음이 명백하다: 그러한 경우들에서 자연의 객관적 합목적성[objektive Zweckmäßigkeit]의 개념은 목적 개념을 통한 객체 규정[Bestimmung]을 위해서가 아니라, 객체에 대해 오직 반성을 위해서[zum Behuf der Reflexion]만 쓰이며, 한 자연 산물의 내적 가능성에 대한 목적론적 판단은 전적으로 반성적인 판단이지 규정적 판단은 아니라는 것이다. 예를 들어 눈의 수정체는 광선의 두 번째 굴절을 통해 한 지점에서 퍼져나가는 빛들을 보아 다시 눈의 방막 상의 어떤 한 시점으로 재통합시키는 목적

(Zweck)을 갖는다고 말을 하면, 이는 눈이라고 말을 할 때, 자연의 인과성에 있는 목적 표상이 사유된 것이라고 할 수 있다. 왜냐하면 그와 같은 이념이 앞서 언급한 그 부분과 관련되는 한 눈의 탐구를 안내하는 원리로 작용하고 있기 때문이다. 같은 이야기인데, 그 작용을 촉진하기 위하여 사람들이 머리로 궁리를 할 수 있는 그 수단 때문에도 그러하다. 이렇게 하여 목적들의 표상에 따라서, 즉 **의도적으로**[absichtlich] 작용하는 원인을 자연에 아직 부여할 수 없는바, 그렇게 되면 규정적인 목적론적 판단이 될 것이다. 그리고 이 판단은 자연의 경계들을 넘어서는 인과성을 제안함으로, 그 자체로서 초험적인 것이 될 것이리라.

자연 목적 개념은 그러므로 여전히 경험 대상들에 있어서 인과성의 연결을 추적하기 위한 자기 나름의 필요가 있는 반성적 판단력의 한 개념이다. 특정한 자연 형식들의 내적 가능성을 설명하는 목적론적 원칙을 통해서는 그 자연 형식들의 합목적성이 **의도적**[absichtlich]인가 **비의도적**[unabsichtlich]인가는 규정되지 않은 채 남게 된다. 이 둘 중 어느 하나라고 주장하는 판단은 더는 순전히 반성적이지 않으며, 규정적이 될 것이다. 그리고 자연 목적이라는 개념 역시 내재적(경험) 사용을 위한, 순전한 **판단력 개념**[Begriff der Urteilskraft]이 아니라, 자연 너머에 설정되어 의도적으로 작용하는 원인이라는 **이성 개념**[Begriff der Vernunft]과 결부되어 있는바, 이성 개념 사용은 이 경우 사람들이 긍정적

으로 판단하든 아니면 부정적으로 판단하든 상관없이, 초험적
[transzendent]인 것이다.

X.

공학적 판단력 원칙의 탐색에 관하여

만약 일어난 사태에 관하여 해명의 근거가 꼭 찾아져야만 한다면, 그렇다면 여기에는 어떤 경험적 원칙이거나 아니면 선험 원칙, 또 그렇지 않으면 이 두 가지가 결합한 것에 해당한다고 할수 있겠는데, 물체 세계[körperliche Welt]에서 일어난 사건에 대한물리 역학적[physisch-mechanisch] 설명들이 이 마지막 경우에 해당할 것이다. 이 설명들은 그 원칙들을 일부는 보편적 (합리적)자연과학에, 또 다른 일부는 경험적 운동 법칙을 담은 그런 학문들에 기대고 있다. 우리의 마음에서 일어나는 것에 대해 심리학적 설명 근거를 찾을 때에도 이와 마찬가지이다. 차이가 있다면, 나에게 의식이 되는 한에서는 원칙들이 모두 경험적인 것이라 하겠는데, 그중 단 한 가지, 즉 모든 변화들의 **항상성**[Stetigkeit](오직 일차원적인 시간만이 내적 관조의 형식적 조건을 이루고있으므로) 원칙만큼은 예외이다. 이 원칙은 선험적으로 이러한지각들의 근거에 놓여 있다. 그렇지만 사람들이 해명을 위해서,순수 공간론(기하하)과 달리 일반 시간론은 온전한 학문을 이룰

만큼 충분한 소재를 제공하지 않기 때문에, 여기에서는 아무것
도 끌어낼 수 없다.

그러면 이런 설명을 해 볼 수 있을 것이다. 우리가 감식력
[Geschmack]이라 부르는 것이 사람들 사이에서 어떻게 처음으로
등장하였는가, 어떤 연유로 그 대상들이 다른 것들보다 더 사람
들을 사로잡는가, 그리고 이런저런 장소와 집단들 사이에서 아
름다움에 관한 판단이 퍼져나갈 때 어떤 원인에 의해 이 감식력
이 사치로까지 나아갈 수 있는가 등등. 그렇다면 이와 같은 해명
에 적용된 원칙들은 대부분이 심리학에서 (이 경우 사람들은 심
리학을 언제나 경험적인 것으로 이해한다) 찾아져야만 할 것이
다. 그렇다면 윤리 교사들은 심리학자들에게 저 기이한 현상인
인색함 —안락한 생활을 위하여 (아니면 다른 의도로라도) 필요
한 재화에 절대 손대지 않으리라 결심하며 오로지 소유에 어떤
절대적 가치를 부여하는 인색함—을 설명해보라고 요구할 것이
다. 또 재화를 다른 목적이 아니라 오로지 명성을 찾는 데 가치
를 두는 명예욕도 있다. 여기에서 윤리 교사들은 윤리 법칙들 자
체가 아닌 이 윤리 법칙들의 영향을 막아서는 방해물들을 제거
하는 방향으로 자신들의 지침을 맞출 수 있을 것이다. 이때 물론
사람들은 심리학적 설명들이 물리학적 설명들에 비한다면 매우
빈약하게 제시될 것이라는 점을 인정해야만 한다. 심리학적 설
명들은 끝없이 가설적이며, 그리고 세 가지 서로 다른 설명 근거

에 간단히 네 번째의, 마찬가지로 그럴듯한 근거를 생각해 덧붙일 수 있는 것이다. 모든 마음의 움직임이나 연기, 시적 표상들 그리고 자연 대상들에 의해 촉발될 수 있는 움직임의 원인을 밝힐 줄 아는, 그리고 물체 세계[körperliche Welt]의 가장 평범한 사태들을 설명하는 이러한 자신들의 지적 활동을 철학이라 부르는 수없이 많은 심리학자들, 이들은 아무런 지식도 전달하지 않으며, 어떤 깨달음을 일별할 능력조차 보여주지 못하는 것이다. 이 점을 우리는 받아들여야 한다. 심리학적으로 관찰한다는 것은 (버크가 아름다움과 숭고함에 대한 저술에서 그러했듯이), 소재를 장차 체계적으로 연결될 경험 규칙[Erfahrungsregeln]들에게로, 이 규칙들을 파악해보려 하지는 않은 채로, 가져가 모아본다는 것인데, 이것이야말로 단 하나 유일하게 경험적 심리학의 진정한 의무 사항이나, 그래도 철학적 학문의 반열에 이르려는 요구를 제기하기에는 아주 크게 미흡한 것이다.

그렇지만 어느 한 판단이 스스로 보편타당한 것으로 드러난다면, 즉 그 주의 주장이 **필연성**[Notwendigkeit]에 대한 요구를 제기한다면, 이 공언된 필연성은 객체들의 선험적 개념들에 근거하고 있거나 아니면 선험적으로 그 근거에 놓여 있는 개념들의 주관적 전제들에 근거하거나 할 것인데, 만약에 그런 판단들에 이런 요구가 해당한다고 인정하면, 판단의 근원을 심리학적으로 찾으면서 이 필연성 요구를 정당화하겠다는 것은 앞뒤가 맞지 않는 일이 될 것이다. 이렇게 되면 사람들은 자기 자신의 의도에 스스로 어긋나게 행동하는 것이고, 그리고 만약 시도하였던 해명이 완벽하게 성공을 이룬다면, 그러면 여기에서의 이 해명은 사람들이 여기에서 경험적 근원을 증명해낼 수 있기 때문이라는 그 점 때문에 이 판단은 필연성에는 결단코 아무런 것도 요구할 수 없다는 사실을 증명하는 것으로 될 것이다.

이제 (우리가 앞으로 감식 판단[Geschmacksurteil]이라는 이름 하에 분석해보게 될) 미적 반성 판단들[ästhetische Reflexionsurteile]은 바로 앞에서 이야기한 종류에 속한다. 이 판단들은 필연성을 요구 주장하며, 그리고 누구나 그렇게 판단한다고 말하는 게 아니라 — 그것은 경험적 심리학이 해명해야 할 과제가 될 것이므로 — 누구든 그렇게 **판단해야만 한다**[sollen]고 말한다. 이 말은 그 판단들 스스로가 이 선험 원칙을 포함하고 있다는 그 사실을 드러낸다. 그러한 원리는 필연성에 대한 요구를 제기하는데, 이 원칙과의 연관이 판단들에 내포되어 있지 않다면, 사람들은 어떤 판단을 내리면서, 관찰해보니 그렇다고 하면서, 그 판단이 실제에서 보편타당하게 여겨지기 때문에 그 판단이 보편타당해야만 한다는 그 점을 주장할 수 있다고 가정할 수밖에 없다. 그리고 누구든 자기 나름의 방식으로 판단한다는 사실에서 그가 그렇게 **판단할 수밖에 없다**는[sollen] 점을 이끌어 내는, 정반대의 논리가 성립되겠는데, 이야말로 명명백백한 불일치가 아닐 수 없다.

이렇게 하고 나니 이제 미적 반성 판단들[ästhetische Reflexionsurteile]에 들어있는 어려운 점이 드러난다. 이 판단들은 결코 개념들에 의지하지 않아서 어떤 특정 원칙으로부터 도출되어질 수 없는데, 이렇게 되는 경우는 논리적인 판단으로 될 것이다. 그러나 합목적성에 대한 주관적 표상은 결코 어떤 목적에 대한 개념이어서는 안 된다. 이 필연성에 대한 요구를 제기하는 경우에, 판단이 선험 원칙과의 **연관**[Beziehung]이 판단 맺어질 수 있고, 또 언제나 맺어져야만 한다. 지금 여기서 문제가 되는 것은 이러한 요구와 이 요구의 가능성만이다. 그러나 비록 이성 비판이 바로 그러한 요구에 의해 자극받아 아직 규정되지 않았지만, 근저에 놓여 있는 원칙 자체를 연구하는 데로 이끌려지고, 또 이 이성 비판이 이 원칙을 찾아내며, 그리고 이 원칙이 단한 번도 객체에 대한 하나의 규정된 개념을 제공할 수는 없더라도 판단을 주관적이고 선험적으로 근거 짓는 것을 인정하는 일에서도 성과를 거둘 수 있다고 하더라도 그렇다.

* * * *

그와 마찬가지로 이런 점도 인정해야만 한다. 목적론적 판단이 선험 원칙에 근거하고, 이런 원칙이 없다면 이 판단은 불가능할 것이다. 비록 우리가 이런 판단들에 들어있는 자연 목적을 오직 경험을 통해서만 발견하며, 그리고 이 판단들이 없다면 이런 종류(Art)의 사물들 역시 가능하다는 사실을 우리가 인식할 수 없을지라도 말이다. 이른바 목적론적 판단은 비록 그것이 특정 자연 생산물의 가능성의 근저에 놓여 있는 특정한 목적 개념을 객체의 표상과 연결한다고 하더라도 (이 일은 미적 판단에서는 일어나지 않는다) 미적 판단이 그러하듯 언제나 반성 판단으로 남을 것이다. 이 객관적 합목적성 속에서 자연(아니면 객관적 합목적성을 통한 어떤 다른 존재)이 정말로 **의도적으로**[absichtlich] 자신을 이끌어 간다고, 다시 말해 자연이나 자연의 원인에서 목적이라는 생각이 인과성을 규정한다고는 절대로 주장할 수 없다. 오히려 단지 우리는 이 유사성(원인과 결과의 관계)에 따라서, 그런 객체들의 가능성을 인식하고 그들에 관해 체계적으로 조립할 수 있는 하나의 경험 속에서 그런 연관관계를 제공할 수 있는 어떤 개념을 얻기 위하여, 자연의 역학적 법칙들을 이용하여야만 한다.

목적론적 판단은 그것이 무엇인가에 따르는 자연 산물의 개념을 그것이 무엇이어야**만 하는가**와[sein soll] 비교한다. 여기에서 그 가능성의 판단에 선험적으로 선행하는 (목적의) 한 개념이 근저에 놓여 있다. 예술의 산물들의 가능성을 이런 방식으로 상정하는 것은 조금도 어렵지 않다. 그러나 어떤 자연의 산물에 대해 당연히 그렇게 **존재해야만 하는**[sein sollen] 어떤 것이라고 사유하고, 그리고 또 정말로 그렇다고 판단하는 것은 (그냥 사물들이 무엇인지를 가르쳐주는) 경험으로부터는 도출될 수 없는 어떤 원리를 벌써 전제하고 있다.

눈을 통해 우리가 볼 수 있다는 사실을 우리는 무매개적으로 경험한다. 그와 더불어 눈의 가능한 사용을 위한 전제들을 내포하고 있는 눈의 외부와 내부 구조도 무매개적으로 경험하고, 이에 따라 역학 법칙에 따른 인과성을 무매개적으로 경험한다. 그렇지만 나는 또한 돌 하나를 집어 들어서 부수거나 쌓아 올리는 데 쓸 수 있는데, 이러한 결과들은 목적들로서 그 원인들에 관련지을 수 있을 것이다. 그러나 그러한 연유로 그 돌이 건축을 위해 사용되어야만 한다고 말할 수는 없다. 오로지 눈에 관해서만 나는 보는 일에 쓸모 있어야**만 한다**[sollen]고 판단한다. 그리고 비록 그 눈 각 부분들의 모습과 속성 그리고 그들이 연결되는 방식이 단지 역학적 자연법칙에만 의거해서 판단되고 나의 판단력에는 온전히 우연일 뿐이라도 나는 눈의 형태와 그 구조에서 어떤 특정한 방식으로 만들어내는 하나의 필연성을 생각하게 된다. 이는 이 기관을 만드는 원인에 앞서는 어떤 개념에 따라 생각하는 것으로 이 개념이 없다면 이 자연 산물의 가능성이 어떤 역학적 자연법칙에 따라서도 나에게 납득되지 않을 것이다 (위에서 이야기한 돌의 경우에는 그렇지 않다). 이런 **당위**[Sollen]는 물리적 역학적 필연성과는 확연히 구분되는 필연성을 포함하고 있다. 물리적 역학적 필연성에 따르면 한 사물은 (선행하는 사물의 이념 없이) 작용하는 원인들의 단순한 법칙에만 따라 가능하게 된다. 그리고 미적 판단의 필연성이 심리학적 법칙들에 의해서 규정될 수 없는 만큼이나 이 당위는 단순히 물리적 (경험적) 법칙들에 의해 규정될 수 없다. 이 필연성은 반성적인 한에서 판단력에 들어있는 독자적인 선험 원칙을 필요로 하는데, 이 원칙 아래서 목적론적 판단은 이루어지며 그리고 이 원칙으로부터 그 타당성과 제약에 의거해 이 판단이 규정되어져야만 한다.

그러므로 자연의 합목적성에 관한 모든 판단들은 미적이거나 목적론적일지라도 선험적 원칙들, 진정 판단력에 고유하고 배타적으로 귀속되는 그런 원칙들 아래에 있게 된다. 왜냐하면 이 판단들이 오로지 반성적이지, 규정적인 판단이 아니기 때문이다. 마찬가지 연유로 해서 이 판단들은 또한 (가장 보편적인 의미에서의) 순수 이성 비판에도 속하게 되는데, 반성적 판단들보다는 규정적 판단들이 비판을 더 필요로 한다. 규정적 판단들은 자기 자신에게 의지하여 이성을 무한으로 치닫게 할 수 있는 추론으로 이끌고 가기 때문에 그러하다. 그 반면에 앞의 반성적 판단들은 스스로를 자신들의 원칙에 따라 경험적인 것에만 제한하지 않도록 하면서 모두에 대한 필연적인 타당성 요구를 포기하지 않기 위하여 고단한 탐구[Nachforschung]를 하도록 요구한다.

XI.

판단력 비판을 순수 이성 비판의
체계 속으로 이끄는 백과사전적 입문

한 강연의 모든 입문은 어떤 주어진 이론으로 이끄는 것이거나 아니면 그 이론이 한 부분으로 속하는 체계로 이론을 이끄는 입문이 될 것이다. 첫째 방식의 입문은 그 이론에 선행하며, 두 번째 것은 이론의 결론을 이루어야만 하는데, 공동의 원리들에 의해 함께 연결된 이론들의 전체 틀 속에서 해당 이론의 위치를 기본 법칙들에 따라 제시하기 위해서이다. 전자는 **예비적**[propädeutisch], 후자는 **백과사전적**[enzyklopädisch] 입문이라 할 수 있다.

예비적 입문들은 앞으로 설명할 이론을 준비한다는 의미에서 일상적인 입문들이다. 이들은 새로운 이론으로 넘어가는 것을 가능하게 하기 위하여 이미 존재하는 여타의 이론이나 학문들로부터 새로 설명하는 데 필요한 예비지식을 제시하게 된다. 이제 새로 등장할 이론[domestica]에 고유한 원칙들과 여타의 것에 속하는[peregrinis] 것들을 조심스럽게 구분하기 위하여 예비적 입문들이 이런 방식으로 구성되면, 이런 입문들은 학문들 간의 경계를 구분 짓는 데 기여하게 된다. 이런 신중함은 아무리 권장하여도 지나침이 없으니, 이런 작업들이 없다면 특히 철학적 인식들에서 어떤 철저성을 기대할 수 없을 것이기 때문이다.

백과사전적 입문은 그러나 이제 새로 제기되는 이론에 인접하거나 준비적인 이론이 아니라 이제 새로운 이론을 통해서 새롭게 완성될 체계에 대한 이념을 전제로 한다. 그런데 이 체계는 탐색 과정에서 찾아낸 다양한 이런저런 것들을 함께 엮어서 만들어지는 것이 아니라, 전체에 대한 형식 개념, 완벽한 구분의 선험적 원칙을 자기 안에 아울러 담고 있는 형식 개념을 통해 인식들의 특정 양식에 대한 주관적이고 객관적인 근원들을 제시할 위치에 있을 때만 이런 체계가 가능해지는 까닭에, 왜 이 백과사전적 입문이 그토록 유용한데도 보기 드문지를 우리는 어렵지 않게 납득할 수 있다.

여기에서 그 독특한 원리를 찾아내고 논구해야만 하는 그 능력(판단력)은 그 스스로는 결코 어떤 인식도 (이론 인식도 실천 인식도) 생성하지 않는 아주 독특한 종류의 인식이고, 자신의 선험 원칙에도 불구하고 객관적 학설로서 선험 철학의 일부가 되지 않는다. 이 능력은 단지 다른 두 상급 인식 능력(오성과 이성)의 연관을 만들어낸다. 그러하기에 여기서 다음과 같은 나의 작업이 허용될 수 있다. 어떤 독트린[Doktrin]이 아니라 오직 비판[Kritik]에만 적합한 이와 같은 원칙들을 규정함에, 다른 경우라면 어디에서나 꼭 필요한 순서에서 벗어나서 간략한 백과사전적 입문을, 그것도 순수 이성의 **학문들**[Wissenschaften]의 체계가 아니라 선험적으로 규정 가능한 모든 마음 능력들의 **비판**[Kritik] ― 이 능력들이 서로서로 마음에서 한 체계를 이루고 있는 한에서 ― 으로 이끄는 입문을 앞서 서술하여, 이런 방식으로 예비적 입문과 백과사전적 입문을 결합해보는 시도가 나에게 허용될 수 있다고 믿는다.

개념들을 통한 순수 인식 능력 체계 속으로 이끄는 판단력 입문은 전적으로 판단력에 독특한 초월 원칙에 의거하고 있다: 즉 자연이 (자연 일반으로서의 자연의 가능성의 원칙들인) 초월적 오성 법칙들의 특수화 과정 속에서, 즉 경험 법칙들의 다양성 속에서 경험적 체계로서의 경험의 가능성을 위하여 자연을 분류하는 체계의 이념에 따라 움직인다는 원칙. ― 이 원칙은 우선 객관적으로는 우연적이나 주관적으로는 (우리 인식 능력을 위하여) 필연적인 합법칙성 개념, 즉 자연의 합목적성 개념을 선험적으로 우리에게 제공한다. 이 원칙은 그런데 특수 자연 형식들과 관련하여서는 아무것도 규정하지 않고, 자연 형식의 합목적성이 언제든지 경험적으로 주어져 있어야만 하지만, 그럼에도 불구하고 이 자연 형식들에 대한 판단은 오직 반성적인 판단으로서 보편타당성과 필연성을 요구한다. 판단력을 위해 주어진 표상의 주관적 합목적성이 그 경험적 합법칙성 일반에 있는 자연의 합목적성에 관한 판단력의 선험 원칙과 맺는 관련을 통해 그런 요구를 인정받는다. 그리고 이렇게 하여 미적 반성 판단이 선험 원칙(그것이 규정적이지 않을지라도)에 근거하고 있는 것으로 간주될 수 있고 이런 가운데, 판단력이 상급의 순수 인식 능력 비판 속에서 걸맞은 위치가 드러날 것이다.

그러나 만약 (실천적 합목적성과 구분되는 공학적인 것으로서) 자연의 합목적성이라는 개념이 우리가 **자연에서 무언가를 도출해 내면서**[was wir aus ihr machen] 그것이 **그렇게 존재한다고**[sie ist] 그냥 도용하는 것이 아니어야 한다면, 그 개념은 모든 도그마적인 철학(이론적 철학뿐 아니라 실천적 철학)과는 별도의 개념, 경험 법칙들에 선행하며 경험 법칙들을 서로 연결해 하나의 체계로 통일하는 일을 무엇보다도 앞서 가능하게 하는 저 판단력의 원칙에 기초하는 개념이 되기 때문에, 이로부터 아래의 사실을 우리는 깨달을 수 있다. 두 가지 종류의 반성적 판단력 사용 (미적 사용과 목적론적 사용) 가운데에서 객체의 모든 개념에 선행하는 그런 판단, 즉 미적 반성 판단만이 오로지 어떤 다른 인식 능력과도 손잡지 않고 자신의 판단 근거를 판단력에 가지고 있다. 그 반면에 자연 목적의 개념에 대한 목적론적 판단은 비록 판단 자체에서는 자연 목적 개념이 판단력의 반성적 원칙으로 사용될 뿐 규정적 원칙으로 사용되지 않는다고 할지라도, 그럼에도 이성이 경험적 개념들과 결합해서 판단이 내려지는 것일 뿐이다. 그러므로 자연에 대한 목적론적 판단의 가능성은 이 판단에 판단력의 어떤 특별한 원칙을 근거에 두지 않더라도 쉽게 드러나게 된다. 왜냐하면 이 가능성은 그냥 이성의 원칙을 따라가기 때문이다. 그 반면 미적인, 그럼에도 선험 원칙에 근거한 순전한 반성 판단, 즉 감식 판단[Geschmacksurteil]의 가능성은 이 판단이 정말로 보편타당성을 요구할 자격이 있다는 점이 증명될 수 있으려면, 독자적인 초월 원칙들(이성과 오성처럼)을 지닌 능력으로서 판단력 비판을 반드시 요구하게 된다. 그리고 오로지 이런 방식으로만 순수 인식 능력의 체계 속으로 받아들여지도록 보장받는다. 그 근거는 다음과 같다. 미적 판단이 자기 대상의 개념을 전제하지 않고서, 그럼에도 대상에 합목적성을 그것도 보편타당하게 제시하고, 이를 위해서는 원칙이 판단력 자체에 놓여 있어야만 한다. 하지만 이와 달리 목적론적 판단은 이성이 목적 결합 원칙 아래로 끌어들이는 객체에 대한 한 개념을 전제한다. 오직 자연 목적이라는 이 개념은 판단력이 규정적 판단이 아니라 반성적 판단을 내릴 때 사용된다.

그러므로 오로지 감식력(Geschmack)만이, 자연 대상물들을 마주하였을 때, 판단력이 다음과 같은 능력으로 자신을 드러내도록 한다. 이 능력은 자신의 독자적인 원칙을 지니며, 그런 까닭에 상급 인식 능력들의 일반적 비판에 한 자리를 차지하겠다는 요구를 ─ 어쩌면 그런 자리가 있으리라 사람들이 믿지 않을지도 모르지만 — 제기하는 능력이다. 스스로 선험적 원칙을 제기하는 판단력의 능력은 그러나 일단 한 번 주어지면, 그 범위를 규정하는 것이 아울러 필요해지며, 그리고 비판이 온전히 완성되기 위하여서는 아래 사실이 요청된다. 즉 판단력의 미적 능력은 목적론적 능력과 더불어 하나의 능력 속에 들어있으며, 동일한 원칙에 근거하는 것으로서 인정되어야만 하는 것이다. 왜냐하면 자연 사물에 관한 목적론적 판단도 미적 판단력과 마찬가지로 (규정적이 아닌) 반성적인 판단력에 속하기 때문이다.

그러나 감식력 비판[Geschmackskritik]은 사람들이 이 비판을 초월적인 의도에서[in transzendentaler Absicht] 수행할 때 그것이 우리 인식 능력의 체계에서 보이는 한 공백을 메우게 됨으로써 우리 마음 능력들을 하나의 체계로 완성시킨다. 이런 견지에서 이 비판은 우리의 주목을 크게 끌 만하고, 그리고 내가 생각하기로는 매우 쓸모 있는 조망을 제시한다. 초월적 의도에서가 아니라면 이 감식력 비판은 감식력 자체를 개선하거나 고정시키는 데 사용될 뿐이다. 우리의 마음 능력들은 그 규정에서 감성뿐만 아니라 초감성적인 것[das Übersinnliche]에도 관련되어 있는데, 엄밀한 비판이 마음 능력들의 가장 최종적인 사용에 설정할 경계석들을 밀어내지 않으면서도 관련을 맺게 되는 그런 초감성적인 것 말이다. 보통 일반적이 경우에는 논문의 맨 마지막에 한 자리를 차지하는 것이 마땅한 체계적 연결의 윤곽을 여기에서 미리 드러내 보이는 것도 독자들로 하여금 앞으로 진행될 연구의 앞뒤 문맥을 쉽게 조망할 수 있도록 하는 미덕이 될 수 있다고 생각한다.

마음 능력은 모두 통틀어 다음 세 가지 것으로 귀속되어질 것이다.

인식 능력[Erkenntnisvermögen]
좋고 싫음의 감정[Gefühl der Lust und Unlust]
욕구 능력[Begehrungsvermögen]

그러나 이 모든 능력들의 실행에는 늘 인식 능력이, 늘 꼭 인식을 산출하지 않더라도 그 근저에 놓여 있다. (왜냐하면 인식 능력에 속하는 표상은, 순수하든 경험적이든, 개념들 없는 직관일 수 있기 때문이다) 그러므로 인식 능력들을 그 원칙들에 따라 이야기해 본다면, 마음 능력들 일반과 나란히 아래와 같은 상급의 능력들이 맞세워질 것이다.

인식 능력   ———   오성[Verstand]
좋고 싫음의 감정   ———   판단력[Urteilskraft]
욕구 능력   ———   이성[Vernunft]

오성은 인식 능력을 위해서, 판단력은 단지 좋고 싫음의 감정을 위해서, 그러나 이성은 다만 욕구 능력을 위해서 나름대로 고유한 선험 원칙들을 지닌다는 점이 여기서 드러난다. 이 형식적 원칙들 일부는 객관적이고 일부는 주관적인 필연성을 규정한다. 그러나 그중 또 일부는 이 필연성이 단지 주관적이기 때문에 객관적 타당성도 지니게 된다. 이 원칙들에 병립하는 상급의 능력들을 통해, 이 원칙들이 그에 상응하는 마음 능력들을 규정하기 때문이다.

인식 능력 —— 오성 —— 합법칙성[Gesetzmäßigkeit]
좋고 싫음의 감정 —— 판단력 —— 합목적성[Zweckmäßigkeit]
욕구 능력 —— 이성 —— 동시에 법칙인 합목적성(책무성)
[Zweckmäßigkeit, die zugleich Gesetz ist (Verbindlichkeit)]

마지막으로 앞에서 언급한 형식들의 가능성의 선험적 근거들과 관련시키면, 아래와 같이 짝을 이루게 된다.

마음 능력들	상급 인식 능력들	선험 원칙들	산물
인식 능력	오성	합법칙성	자연
좋고 싫음의 감정	판단력	합목적성	예술
욕구 능력	이성	동시에 법칙인 합목적성 (책무성)	윤리

그러므로 **자연**[Natur]은 자신의 **합법칙성**[Gesetzmäßigkeit]의 근거를 인식 능력인 **오성의 선험 원칙들**[Prinzipien a priori des Verstandes als eines Erkenntnisvermögens]에 두고 있고, **예술**[Kunst]은 그 **합목적성**[Zweckmäßigkeit]에서 선험적으로 **좋고 싫음의 감정**[Gefühl der Lust und Unlust]과 관련해서 **판단력**[Urteilskraft]에 따른다. 마지막으로 (자유의 산물로서) **윤리**[Sitten]는 **욕구 능력**[Begehrungsvermögen]과 관련하여 **이성**[Vernunft]의 규정 근거로서 자신을 일반 법칙에 맞게 자격을 갖추는 그런 형태의 **합목적성**[Zweckmäßigkeit]이라는 이념[Idee] 아래 서 있게 된다. 이런 방식으로 마음의 저 근본 능력들에 각각 고유한 것인 선험 원칙에서 솟아 나오는 판단들이 **이론적**[theoretisch], 미적[ästhetisch] 그리고 **실천적**[praktisch] 판단들이다.

이렇게 하여 마음 능력의 한 체계가 마음 능력의 자연과 자유의 관계에서 모습을 드러낸다. 자연[Natur]과 자유[Freiheit]는 각각 서로 고유하고, **규정적**[bestimmend] 선험 원칙들을 가지고 있고 그리하여 도그마적인 체계로서의 철학의 두 (이론적 그리고 실천적) 부분을 이룬다. 그리고 그와 동시에 자신의 고유한 원칙을 통해 이 두 부분을 연결하는 판단력을 매개로 하는 이행[Übergang], 이른바 자연철학의 감성적 기체[sinnliche Substrat]로부터 실천 철학의 예지적 기체[intelligibelen Substrat]로 넘어가는 일이 어떤 한 능력 (판단력) 비판을 통해서 드러난다. 이 능력은 오로지 연결하는 일에만 종사하고 스스로에 대해서는 진정 아무런 인식도 생산하지 못해서 도그마에는 기여하는 바가 아무것도 없다. 이렇듯 이 판단들은 기본 법칙들이 (이론적이든 실천적이든) 객관적일 수밖에 없어서, **논리적**[logisch]이라는 이름이 붙는 모든 것들과 구분됨으로써 (그 원칙들이 전적으로 주관적인) **미적**[ästhetisch]이라 불리는 아주 독특한 것이 된다. 이 판단들은 감각적 직관들을, 그 합법칙성[Gesetzmäßigkeit]이 어떤 초감성적 기체와의 연관을 설정하지 않고는 이해될 수 없는, 자연의 이념[eine Idee der Natur]과 연결시킨다. 이 점에 관해서는 본 논문에서 증명이 될 것이다.

우리는 이 첫 번째 방식의 판단에 관한 이 능력의 비판을 (감각론과 같은 의미의) **미학**[Ästhetik]이라 하지 않고, **미적 판단력**

비판[Kritik der ästhetischen Urteilskraft]이라 부를 것이다. 왜냐하면 첫 번째 표현은 이론적 인식에 속해서, (객관적) 논리적 판단에 소재를 제공하는 **직관**[Anschauung]의 감성을 의미할 수도 있어 너무 방대한 의미가 될 것이기 때문이다. 이런 연유로 이전에 이미 우리는 이 미학이라는 표현을 인식 판단에서 직관에 속하는 술어에 한정시켜 배타적으로 규정한 바 있다. 그러나 판단력을 미적이라 부르는 것은 이 판단력이 한 객체의 표상을 개념들에 연결시키지 않아서 (결코 규정적이지 않으며, 단지 반성적일 뿐인) 판단이 인식으로 되지 않는 까닭인데, 여기에 오해가 생기지는 않으리라 믿는다. 왜냐하면 논리적 판단력의 경우에는 직관들이, 그것들이 감각적(미적)일지라도, 그럼에도 객체의 인식에 기여하기 위해서는 이전에 먼저 개념으로 올라가야만 하는데, 반성적 판단력의 경우에는 그렇지 않기 때문이다.

XII.

판단력 비판 분류

어떤 특정한 종류의 인식들의 영역을 하나의 체계로 상정하기 위해 분류하는 것은 아무리 상세히 검토해도 중요성이 모자라지 않고, 게다가 까다로움이 있어 아주 쉽게 오인된다. 만약 사람들이 각 부분들을 어떤 하나의 가능한 전체를 위해 이미 완성되어 주어진 것으로 간주한다면, 그렇다면 이 분류는 단순한 비교에 따르는 **역학적**[mechanisch]인 것으로 진행된다. 그리고 그 전체는 **집합체**[Aggregat](대충 비슷한 예를 들자면, 토지가 경찰 행정의 관리 없이 정착민이 되려는 사람들이 각기 의도에 따라 등록하는 대로 나누어지면, 그 도시들이 그렇게 되는 것처럼 말이다.)가 된다. 그러나 사람들이 부분들을 규정하기에 앞서 어떤 특정 원칙에 따른 하나의 전체라는 이념을 전제할 수 있고 해야 한다면, 그러면 분류는 **과학주의적으로**[szientifisch] 이루어질 수밖에 없고, 오로지 이런 방식으로만 전체는 하나의 체계가 된다. 이 후자의 요구는 (그 원칙들과 더불어 주체의 특별한 법 제정적인 능력에 기인하는) 선험 인식의 영역이 문제가 되는 곳에서는 언제든지 제기된다. 왜냐하면 이곳에서는 이 법칙 사용의 영역이 이 능력의 독특한 속성에 의해서, 그리고 이로부터 인식 전체와 부분들의 관계들 그리고 마찬가지로 그 수까지도 선험적으로 규정되기 때문이다. 그러나 사람들이 전체 자체를 **만들고**[machen], 단지 **비판**[Kritik]의 규칙들에 따라서라고 하지만 이를 그 모든 부분들에 앞서서 온전히 머릿속에 떠올리지 않고서는, 어떤 근거가 있는 분류를 이루어 낼 수 없다. 이후에 이 전체를 **독트린**[Doktrin: 교설]의 체계적 형식 속에 끌어넣기 위해서는 특수자에 적용할 때의 **상세함**[Ausfuhrlichkeit] 그리고 **정밀성**[Präzision]의 우아함을 여기에 결합하는 일만이 필요하다.

이제 (그 능력이 바로 선험 원칙들에 근거하고 있지만, 결코 하나의 독트린을 이루는 데는 어떤 소재도 제공할 수 없는) 판단력 비판을 분류하기 위해서는 규정적 판단력이 아니라 반성적 판단력만이 자신의 고유한 선험적 원칙을 갖는다는 구분을 근거로 놓아야 한다. 규정적 판단력은 다른 능력(오성)의 법칙 아래서 단지 **도식적으로**[schematisch], 반성적 판단력은 그러나 오로지 **공학적으로**[technisch] (나름의 법칙에 따라) 일을 처리한다. 이 후자의 근거에는 자연의 공학 원칙이, 그러니까 사람들이 자연에 선험적으로 전제해야만 하는 합목적성의 개념이 그 근거에 놓여있는 바, 이 합목적성은 반성적 판단력의 원칙에 따라 오직 주관적인 것으로만, 즉 이 능력 자체에 대한 관련 방식대로 반드시 이 능력에 의해 전제되어 있어야만 하는 것으로 거기에 들어있게 된다. 그렇지만 아울러 또한 **가능한**[möglichen] 객관적 합목적성 개념, 즉 자연 목적으로서의 자연 사물에 대한 합법칙성 개념 또한 들어있다.

오로지 주관적으로만 판정된 합목적성은 어떤 개념에도 근거하지 않으며, 전적으로 주관적으로만 판단되는 한에서는 어떤 개념에 근거할 수도 없으므로, 쾌, 불쾌의 감정과의 관계이고, 이것과 관련된 판단은 **미적**[ästhetisch](동시에 이는 미적으로 판단하는 유일하게 가능한 방식이다)이다. 그렇지만 이 감정이 단순히 객체의 감각적 표상, 즉 감각의 느낌만을 동반한다면, 이 미적 판단은 경험적이고, 따라서 어떤 특별한 수용 능력을 요청하기는 하나 특별히 판단력이 필요하지 않다. 더 나아가 이 판단력이 규정적인 것으로 상정된다면, 목적 개념을 그 근거에 놓아야만 할 것이므로 이 합목적성은 객관적인 것이어서, 미적이 아니라 논리적으로 판단될 수밖에 없기 때문이다. 이렇게 하여 어떤 특별한 능력으로서 미적 판단력은 필연적으로 오로지 **반성적 판단력**[reflektierende Urteilskraft]으로만 받아들여져야 하는데, 이 능력은 객체의 어떤 경험적 표상에 있는 느낌으로서, 그리고 그에 대한 개념으로서 간주되어서는 아니 되고, 결국은 경험적 표상들에서 개념 일반으로 판단력이 상승하는 통로가 되는 반성과 그 반성의 형태들로서, (**주관적 합목적성**

[subjektive Zweckmäßigkeit]이라는 표상과 한가지인) 쾌감과 결부되며 그리고 판단력과는 선험 원칙에 따라 결합되는 것으로 간주해야만 한다. 그러므로 반성적 판단력의 **미학**[Ästhetik]은 이 능력 비판의 한 부분을 차지할 것이며, 마찬가지로 같은 능력의 **논리학**[Logik]은 **목적론**[Theleologie]이라는 이름하에 이 능력의 또 다른 부분을 이루게 된다. 그렇지만 이 두 가지 경우 모두 자연 자체는 공학적[technisch]으로 즉 일단 처음의 경우는 주관적으로 주체의 순전한 표상 방식과 관련하여 그 산물들 사이에서는 합목적적으로 관찰되는데, 그렇지만 두 번째 경우는 대상 자체의 가능성과의 관계에서 객관적 합목적적으로 간주된다. 우리는 아래에서 다음과 같은 점을 살펴보게 될 것이다. 형식의 현상에서 합목적성이 **미**[Schönheit]이고, 그리고 동일한 것의 판정 능력을 **감식력**[Geschmack]이라고 한다는 사실을, 이제 판단력을 미적 판단력과 목적론적 판단력으로 분류하는 것, 오직 **감식력론**[Geschmackslehre]과 **물리적 목적론**[physische Zwecklehre]만으로 구성될 수밖에 없다는 사실이 여기에 뒤따르는 것으로 보일 것이다. 이렇게 파악되고 있는 것일 수밖에 없다.

　그러나 사람들은 모든 **합목적성**[Zweckmäßigkeit]을, 그것이 주관적이든 아니면 객관적이든 간에 **내적인**[innere] 것과 **상대적인**[relative] 것으로 나눌 수 있는데, 이중 앞의 것은 대상 자체[an sich]의 표상에, 두 번째 것은 대상의 우연한 **사용**[Gebrauch]에 근거하게 된다. 이 사용에 맞추어 대상의 형식은 **첫째로** 이미 그 자체만으로, 즉 단순한 직관 속에서 개념들 없이 반성적 판단력을 위해 합목적적으로 지각될 수 있고, 그렇게 되면 주관적 합목적성이 사물들과 자연 자체에 부여된다. **둘째로** 객체는 반성을 위하여 지각 과정에서 자신의 형식 자체의 규정을 위하여 최소한의 합목적적인 것도 가지고 있지 않을 수도 있다. 그러나 그와 마찬가지로 이 객체의 표상은 주체에 선험적으로 놓여 있는 합목적성을 그에 관한 (주체의 마음 능력들에 대한 초감성적 규정이라 할 수 있는) 감정을 불러일으키는 데 적용되어 미적 판단을 기초할 수 있다. 이 판단은 또한 (비록 이 원칙이 주관적일지라도) 선험 원칙과 관련되어 있다, 그렇지만 첫 번째 경우에서처럼 즉, 주체와 관련하여 **자연의 합목적성**[Zweckmäßigkeit der Natur]과는 관련이 없으며, 오직 반성적인 판단력을 매개로 해서 그 형식과 일치하는 어떤 감각적 직관들의 가능한 합목적적 **사용**[Gebrauch]에만 관련된다. 그러므로 만일 첫 번째 판단이 자연의 대상들에 **아름다움**[Schönheit]을 부여하나, 두 번째 것은 **숭고**[Erhabenheit]를 부여하며, 그리고 진정 이 두 가지는 미적(반성적) 판단들에 의해서만 객체에 대한 개념들 없이 오로지 주관적 합목적성만을 고려한다. 그렇다면 이 두 번째 것을 위해서는 자연의 어떤 특정한 공학이 전제되어 있지 않게 되는데, 왜냐하면 여기에서는 표상의 우연한 사용만이 오로지 문제가 되는 것으로서 객체에 대한 인식을 위해서가 아니라 어떤 다른 감정, 즉 마음 능력들의 속성에 따른 내적 합목적성을 위해서만 사용되고 있기 때문이다. 그럼에도 처음 경우와 마찬가지로 자연에서의 숭고에 대한 판단이 반성적 판단력의 미학 분류에서 제외될 수는 없을 터인바, 이 판단도 역시 객체의 개념에 근거하고 있지 않은, 주관적 합목적성을 표현하고 있기 때문이다.

자연의 객관적 합목적성, 즉 자연 목적으로서의 사물들의 가능성에 대해서도 사정은 마찬가지인데, 자연 목적에 대한 판단은 사물들의 개념들에 따라서 즉 (쾌와 불쾌의 감정과 관련해서) 미적이지 않고 논리적으로 내려지고 그래서 목적론적이라 불린다. 객관적 합목적성은 객체의 내적 가능성이나 아니면 그 외적 결과들의 상대적 가능성에 그 근거를 두고 있다. 첫 번째 경우에 목적론적 판단은 한 사물의 목적에 따른 **완전성**[Vollkommenheit]을 관찰하는데, 이 목적은 그 사물 자체에 놓여 있는 것이다 (왜냐하면 이 사물에서 다양성은 서로 상호적으로 목적이자 수단으로 관계하고 있기 때문이다). 두 번째의 경우는 어느 한 자연 객체에 대한 목적론적 판단은 단지 그 객체의 **유용성**[Nützlichkeit]에 즉 다른 사물들에 놓여 있는 한 목적과의 일치에만 근거한다.

이러한 사실들에 의거하여 말하자면 미적 판단력 비판은 우선 **감식력**[Geschmack] **(미에 대한 판정 능력)** 비판을, 그다음으로는 **정신 감정**[Geistesgefühl] 비판을 포함한다. 여기 이 정신 감정이라는 용어로 나는 대상들에 있는 어떤 숭고함을 표상하는 그런 능력을 미리 거론하고자 한다. ― 목적론적 판단력은 합목적성의 표상을 감정들이 아니라 개념들을 통해 대상들에 관련시키므로 이 판단이 그 속에 포함된 내적이고 상대적인 (두 가지 모두 그러나 객관적 합목적성인) 능력을 구분하는 것은, 어떤 다른 특별한 명칭들을 필요로 하지 않는다. 이 능력들이 자신들의 반성을 전적으로 (감정이 아니라) 이성에 관련시키기 때문이다.

또 주목할 만한 사실은, 사람들이 (이 단어의 본래적 의미에서) **예술**[Kunst]이라고 부르는 것이 자연에 있는 공학이지 인간들 표상 능력의 인과성의 공학이 아니라는 점이다. 그것과 관련하여 여기에서 합목적성이 판단력의 규제적 개념으로 탐구되어지는 것이지 예술미의 원칙이나 예술의 완전성 원칙이 탐구되는 것이 아니다. 동시에 사람들이 자연을, 만일 공학적(조형적으로)으로 관찰한다면, 그 인과성이 예술의 인과성과 같이 상정해야만 하는 유사성(Analogie) 때문에 자연을 그 처리 과정에서 공학적 즉 기교적이라 부를 수 있는 것은 아닌지, 왜냐하면 오로지 반성적인 판단력의 원칙이 문제가 되고 있지 (인간이 만든 작품들 모두에 근거로 놓여있는) 규정적인 판단력이 문제인 것은 아니기 때문이다. 여기서는 판단력이 **무의도적**[unabsichtlich]인 것으로 관찰되어져야 하며, 그러므로 단지 자연에만 귀속될 수 있다. 예술미의 판단은 자연미의 판단에 근거로 놓여 있는 동일한 원칙들로부터 나오는 귀결로 나중에 고찰해야만 할 것이다.

이리하여 자연과 관련하여 반성적 판단력 비판은 두 부분으로 구성되는데, 자연 사물에 대한 **미적 판정 능력**[ästhetische Beurteilungsvermögen] 비판과 **목적론적 판정 능력**[teleologische Beurteilungsvermögen] 비판이다.

그중 제1편에는 두 권이 할애될 것이다. 첫 권은 **감식력**[Geschmack] 비판 혹은 **미적인 것**[das Schöne]의 판정 비판일 것이고, 둘째 권은 (한 대상에 대한 순전한 반성 속에 놓인) **정신 감정**[Geistesgefül] 비판 혹은 숭고한 것[das Erhabene]의 판정 비판이 될 것이다.

제2편도 마찬가지로 두 권으로 되었는데, 첫 권은 자연의 **내적 가능성**[innere Möglichkeit]과 관련하여 자연 목적으로서의 사물의 판단을, 다른 권은 **상대적 합목적성**[relative Zweckmäßigkeit]에 관한 판단 원칙들하에서 제시할 것이다.

각 권은 모두 두 절, 판정 능력의 **분석론**[Analytik]과 **변증론**[Dialektik]으로 나뉠 것이다.

분석론은 다른 여러 저작들에서 그러하였듯이 우선 자연의 합목적성 개념의 설명[Exposition] 그런 다음 이 개념의 연역[Deduktion]을 완성하려고 시도할 것이다.

— 끝 —

『판단력 비판에 대한 첫 번째 서문』의 주요 개념들에 대한 주석[註釋] 연구적 접근[01]

1. 주석[註釋]연구의 대상으로서의 개념들

연구자들이 연구 대상을 나름의 안목으로 분석하면서 한편으로 사회적 소통 가능성을 근본적으로 회의하지 않는 까닭은 분석 도구로 사용하는 개념의 보편타당성을 믿기 때문일 것이다. 더구나 독일인의 지적 작업들을 연구 대상으로 하는 경우, 언어와 개념의 보편타당성은 언어가 지닌 또 다른 중요한 측면을 충분히 받아들이는 일과는 별도로 연구자가 의지하는 가장 일차적인 전제가 아닐 수 없다. 그런데 문제는 이 보편타당해야 할 개념들이 대부분 상대성을 띤 채 보편적 진술에 참여하고 있다는 점에 있다. 우리는 철학자들이 개념들을 차별적으로 사용하여 자신의 고유한 철학 체계를 구축하는 일을 당연하게 받아들이며, 개념 정의가 독창적일수록 그 철학자의 사상이 탁월한 세계 해석이라고 평가하는 일도 드물지 않다. 따라서 개념이 진술의

---

01 이 논문은 『독어교육』 24집 (2002년, 327~355쪽)에 수록되었음.

'보편타당성'을 구성하는 과정에 주목할 필요가 생긴다. 왜냐하면 개념은 스스로를 상대화하는 가운데 자신이 보유하고 있는 '보편 연관[Bezug auf das Allgemeine]'이 온전하게 드러나도록 도모한다는 분석이 가능하기 때문이다.

개별 연구자가 자신의 인식 능력을 개념이 전달하는 보편성을 흡수할 수 있도록 연마해야 한다는 사실은 일반적으로 요청되는 바이다. 그런데 개념의 상대성과 보편성에 대한 우리의 이같은 반성에 따르면 이 일반적 요청에 새로운 강조점이 부과되게 된다. 개념의 차별적 사용에 대한 감수성이 무엇보다 중요해지기 때문이다. 칸트가 구사하고 있는 개념의 '차별적 상대성'이 그의 철학이 독창성을 발휘하도록 하는 중요한 요인이라는 사실을 괴테는 아래 문장에서 아주 적절하게 드러내 준다.

> 누구나 타고난 대로 자기 나름의 얼굴을 잃지 않도록 하는
> 원칙들을 확보할 권리를 갖는다.
>
> Jedes Individuum hat vermittlest seiner Neigung ein Recht zu
> Grundsatzen, die es als Individuum nicht aufheben.[02]

---

02 괴테와 활크[Johannes Daniel Falk]의 대화. In: 카시러[Ernst Cassirer], 『칸트의 생애와 학설[Kants Leben und Lehre]』, Darmstadt 1994, S. 1.

이러한 반성이 칸트의 저술에 대한 註釋 연구를 시도한 동기이다. 관념론의 전통이 없는 한국의 연구자들에게 칸트 철학은 무엇보다 그 '건축학적 질서[architektonische Ordnung]'[03]라는 체계 구성 방식의 독특성 때문에 속속들이 와닿기 어려운 게 사실이다. 게다가 같은 단어의 일상적인 어법과 전문적 어법을 구분하는 일에도 우리는 그다지 엄격하지 않은 편이다. 이 논문에서 나는 칸트의 개념들을 그의 철학 체계 속에서 자리매김하는 방식으로 설명함으로써 우리 말을 '엄격하게' 사용해보고자 한다. 이 시도는 한국어와 독일어의 넘나듦이 어느 정도까지 사회성을 지닐 수 있는지를 살펴보는 계기로도 될 것이다.

2. 이성 비판[Vernunftkritik]과 미적 판단력[Ästhetische Urteilskraft]

칸트의 저술들 중『순수 이성 비판 Kritik der reinen Vernunft』,『실천 이성 비판 Kritik der praktischen Vernunft』, 그리고『판단력 비판

---

03 카시러, 같은 책, S. 289. 참조. 아울러 칸트『순수 이성 비판』A 474/B 502.도 참조. "Die menschliche Vernunft ist ihrer Natur nach architektonisch, d. i. sie betrachtet alle Erkenntnisse als gehörig zu einem möglichen Sstem ..."

Kritik der Urteilskraft』이 그의 철학 체계를 구성하는 건축술에 사용된 초석들이며 이 세 비판서로 짜여진 골격에 따라 칸트의 사상을 설명하는 일이 가능하다는 점은 대체로 모두가 수긍하는 대로이다. 철학 체계를 건축에 비유하는 까닭은 그만큼 부분들이 명료하게 완결되어 있다는 점에 기인한다고 볼 수도 있다.

오성[Verstand]이 선험 원칙들[Prinzipien apriori]에 따라 자연계[Naturwelt]에 자신의 개념들을 적용하여 '인간이 경험할 수 있는 대상들[Gegenstände der moglichen Erfahrung]'을 확정하는 활동을 다루고 있는『순수 이성 비판』은 오성의 활동을 그 완결된 역학 속에서 규명하는 철학서이다. 그런데 이 책은 오성 능력에 따른 개념적 인식 가능성을 그 한계 속에서 밝혀냄으로써 오성의 한계 너머에 다른 세계가 있다는 사실을 스스로 인정하는 결과를 낳는다. 제1비판서는 이렇게 하여 건물의 다른 축을 필요불가결하게 요청하는 한 축으로 자리잡는다. 현상계[Erscheinungswelt(감성계Das Sinnliche)]와 물자체[Ding an sich]를 '메울 수 없는 골[unubersehbare Kluft]'이 그 사이를 가로지르는 전혀 다른 두 세계[04]라고 설정하는 칸트 철학의 밑그림은 이렇듯 경험 인식의 한계를 확정하는 데서 출발한다.

이러한 문제의식을 이어받아『실천 이성 비판』에서 칸트는

---

04   I. Kant, Kritik der Urteilskraft, Meiner, Hamburg 1990. S.11., 이하 KdU.

자연법칙에서 벗어난 인간의 인식 활동 영역을 구명한다. 이렇게 하여 인간이 수행하는 의식 활동의 총체가 철학적 파악의 대상으로 떠오르게 되었다. 이 제2비판서는 인간의 자유의지가 도덕적 판단으로 사회화될 때 적용되는 선험 원칙들을 밝히는데, 여기에서 이 자유의 선험 원칙이 적용되는 관할 구역Gebiet[05]과

---

05   이 단어를 우리말로 옮기면서 고려해야 할 사항들을 잠깐 언급하고 넘어가기로 한다. 우선 이런 오성 인식를 지닌 우리말 중에서 '관할 구역'이 가장 적절하다고 생각하여 역어로 선택하였다. 칸트는 『판단력 비판』에서 Feld, Boden, Gebiet 이 세 단어를 사용하여 우리 인식 활동의 결과가 드러나는 다양한 층위를 엄격하게 구분한다. 개념이란 무엇보다 일단 대상과 관계하는 것이라고 했을 때, 이때 그 객체가 인식이 가능한가 아닌가의 여부를 떠나서 우리의 인식 능력 일반과 일정하게 관계를 맺고 있다면, 이에 따라 규정되는 범위를 Feld라고 칭하고, 그중 일부분을 이루는, 우리에게 경험이 가능한 부분을 Boden이라 하였는데 이는 개념들과 그 인식을 위해 요구되는 인식 능력을 위한 Boden으로 되는 것이다. 다시 그중에서 개념이 '법칙 부여적[gesetzgebend]'으로 활동하게 되는 부분을 개념과 개념에 종사하는 인식 능력의 Gebiet라 하였다. 여기에서 Boden과 Gebiet의 차이를 설명하는 칸트의 서술은 관념론적 체계 구성의 원칙을 상징적으로 보여준다고 여겨진다. '경험 개념들[Erfahrungsbegriffe]은 그러므로 감각의 전체 대상을 모두 아우른 것으로서의 자연에 자신의 Boden을 가지고 있다고 할 수 있겠지만, Gebiet는 가지고 있지 않다. 그 이유는 이 개념들이 법칙에 따라 파생된 것이기는 하나 법칙 부여적이지 않은 까닭에 이 개념에 근거한 규칙들은 경험적[empirisch]이며 따라서 우연적이기 때문이다.'(『판단력 비판』(KdU, S. 9.)) 여기에서 이미 우리는 칸트의 '자연' 개념이 잡다한 경험의 모음과는 다른, 어떤 엄격한 법칙에 따르

자연 개념들이 선험 원칙에 따라 관철되어 나가는 관할 구역이 절대적으로 구분된다는 사실이 논증되고 있다. '자유는 경험 대상일 수 없기 때문이다. da Freiheit schlechterdings kein Gegenstand der Erfahrung sein kann.'[06]라는 문장이야말로 이와 같은 칸트 철학 체계의 밑그림을 가장 잘 특징짓는다고 할 수 있을 것이다.

인식론상의 코페르니쿠스적 전환에 따라 '우리의 인식 능력에 사물을 맞추어 세운' 칸트의 철학적 방법은 이렇듯 이성의 자기 인식이 전개되는 '비판'의 관할 구역을 열었다. 이 비판 프로그램에 따라 이성들의 진리 구성 방식들에 대한 철학적 고찰이 추진되었던 것이다. 이 작업의 결과로 자연에 대한 과학적 인식과 자유를 누리는 도덕적 판단이 하나의 철학적 체계 속에 자리

는 것임을 짐작할 수 있게 된다. 그래서 물자체를 자연 강제[Naturzwang]에서 벗어난 자유[Freiheit]의 관할 구역[Gebiet]이라고 이해하게 되는 것이다. '우리의 인식 능력들은 두 관할 구역을 가지고 있는데, 자연 개념들의 관할 구역과 자유 개념의 관할 구역이다.'(『판단력 비판』(KdU, S. 10)) 이처럼 개념과 그 대상의 조응 방식에 따라 관할 구역들을 나누는 일은 그런데 칸트가 판단력의 독특성 중 형이상학적 규정성에서 벗어난 오성 활동이라는 측면을 설명하는 과정에서 매우 큰 미덕을 발휘하게 된다. Feld, Boden, Gebiet를 우리말로 모두 가려내기가 어려워 우선 가장 많이 거론되는 Gebiet를 '관할 구역'이라 칭하기로 한다.

06   I. Kant, Erste Einleitung in die Kritik der Urteilskraft, Hamburg 1990, S.3., 이하 『첫 번째 서문』

잡을 수 있게 되었다고 할 수 있다. 순수 이성과 실천 이성은 전혀 다른 선험 원칙에 따라 각각 자신의 대상 세계에 법칙을 부여하는데, 바로 이 점이 칸트 철학의 근대적 면모를 드러내 주는 것이라고 여겨진다.

그런데 이 분화는 인식론상 하나의 새로운 문제를 제기하는 것이 아닐 수 없다. 칸트가 오성 범주를 따라 우리 인식의 지평에 떠오르는, 가능한 경험[mogliche Erfahrung]의 대상들[Gegenstände]을 보편적 법칙의 형식에 따라 구성하여 '객체들[Objekte]'로 규정한 결과 우리가 실제로 자연에서 마주하게 되는 실질적인 경험[wirkliche Erfahrung]이 여기에 다 포함되지 않게 되었다는 사실이다. 따라서 자연에는 합법칙성의 원칙에 따라 이성적인 인식의 대상으로 되는 사물들과 우연과 무질서의 지배를 받는 사물들이 나란히 있게 되었다. 이 '자유로운[frei]'[07] 자연

07 여기에서 '자유롭다'는 말은 합법칙성의 지배를 받는 오성 인식의 대상으로서의 자연이 지닌 완고한 면모와 대비되어 쓰이고 있다. 자연법칙의 지배에서 벗어나 있다는 의미에서 자유롭다는 말을 사용하면서 카울바흐[Kaulbach]는 이 '우연적'인 자연 대상들이 초월 철학으로 하여금 지금까지 추진해온 비판의 '고정된' 두 영역에서 눈을 돌려, 이성이 실천 이성의 관할 구역으로 '넘어서는 과정[Ubergang]'을 인지하도록 한다고 정리한다. 이제 이성은 우연적이고 규정 불가능한 대상들을 체계적으로 통일시킬 수 있는 전망을 발전시켜야 하게 되었다. 이는 판단력이 법칙을 부여하는 관할 구역에서 이루어지게 되며, 이 관할 구역의 사유 가능성을 특징짓고 경계 설정

은 독자적인 제3의 원칙과 나름의 통합 원리를 필요로 하며, 그리하여 순수 이성이나 실천 이성과는 다른 능력에 의하여 '인식'될 수 있어야만 하였다. 이러한 요청은 칸트 철학이 체계로서의 완결성을 추구하는 한 반드시 채워져야 하는 것이 아닐 수 없다.[08] '아름다움[美]의 제국'을 자신의 비판 프로그램에 끌어들임으로써 칸트는 이러한 요청에 부응할 수 있게 된다. '자유로운' 자연에도 하나의 통일성을 부여하여 우리의 인식에 상응할 수 있도록 하는 능력의 법칙 부여 과정이 탐구되었다. 『판단력 비판』은 이 능력이 현상계와 물자체 사이의 '메울 수 없는 골'에 놓인 중간자[Mittelglied]이며 별개인 두 관할 구역을 연결하는 다리 역할[Überbrückung]을 하게 된다는 점을 밝힌다.

이렇게 하여 칸트가 구상하고 초석을 세워나간 건물은 지붕

하는 일이 독특한 비판 프로그램인 판단력 비판의 과제로 된다. 카울바흐[F. Kaulbach], Ästhetische Welterkenntnis bei Kant, Wurzburg 1984, S.15. 참조

08 칸트는 『판단력 비판』에 대한 서문들을 쓰면서―칸트는 서문을 두 번 썼다. 이에 관한 자세한 내용은 뒷장에서 기술할 것이다.― 모두 '체계로서의 철학'을 화두로 삼고 있다. 개념을 통한 이성 인식의 체계와 철학이 다르다는 점을 논증하면서 시작하는 『첫 번째 서문』이나, 철학의 관할 구역 구분을 다룬 『판단력 비판』의 「서문」 모두 제3의 이성 능력인 판단력[Urteilskraft]이 어떻게 감성계와 초감성계를 매개[Vermittlung]하는가를 밝히는데 주안점을 둔다.

을 얻게 되었다. 그런데 우리는 여기에서 두 기둥을 하나의 통일체로 모아내는 연결자[Vermittlungsmittel] 역시 나름의 완결성을 지니고 이전 작업[Übergang]을 수행한다고 보지 않을 수 없다. 칸트 역시 이 구도를 밀고 나갔으며, 마침내 아주 중요한 새로운 사실 하나를 발견한다.[09] 우리의 감정[Gefühl]이 인식 능력들과

---

09 이 새로운 '발견'은 칸트 철학의 체계가 온전하게 완성되도록 하는 데 결정적으로 기여한다. 『순수 이성 비판』은 1781년에, 『실천 이성 비판』은 1788년에 세상에 나왔으며, 『판단력 비판』의 출간은 1790년이다. 『실천 이성 비판』을 집필하던 중인 1787년에 이미 『감식력 비판의 기초 [Grundlage der Kritik des Geschmacks]』에 착수할 것이라는 의도(칸트가 슈츠[Schutz]에게 보낸 1787년 6월 25일자 편지)를 밝힌 뒤 이 작업을 『판단력 비판』으로 완성하였다. 이 시기에 칸트가 미적 현상에 대한 견해를 수정하였다고 연구자들은 보고한다. 『첫 번째 서문』을 쓰고서는 정작 본 책을 출판할 때 다시 서문을 새로 쓴 까닭이 단지 첫 서문이 '너무 구구절절하기[ihrer Weitläufigkeit wegen]' 때문만이 아니라 구상의 이런저런 변화와 관련이 있다는 진술이 널리 받아들여지고 있다. 헬가 메르텐스[Helga Mertens]는 『첫 번째 서문』의 발생사와 판본 등을 둘러싼 상세한 서지 정보들을 분석하여 서문을 바꾼 까닭이 전체 구상의 변화와 관련이 있음을 증명하고 있다. 가장 두드러진 부분으로 「숭고 분석론」이 「조화미 분석론」과 균형이 맞지 않게 서술된 점, 미적 판단력과 목적론적 판단력 사이의 불투명한 관계 등을 들 수 있다고 하였다. 메르텐스는 칸트가 처음의 궤도를 수정하여 자신의 철학적 구상인 체계 관념에 따라 이런저런 부분을 추가하고, 개념도 다시 가다듬었다는 사실을 설득하고 있다. Vgl. Helga Mertens, Kommentar zur Ersten Einleitung in Kants Kritik der Urteilskraft, München 1975. 특히 서문과 제1장 그리고 부록 참조.

밀접한 관련이 있다는 사실이다. 판단력이 자연 대상들에 대해 독자적인 전망을 구축해나갈 때, 여기에 적용되는 제3의 선험적 원칙이 좋고 싫음을 가리는 우리의 감정 능력[Gefühl der Lust und Unlust]에 근거를 두고 판단력의 활동을 뒷받침한다는 점을 밝힌 것이다.

진술의 논리적 정합성이나 삶의 궁극원리가 아닌, 개개인의 좋고 싫은 감정에 근거하여 내리는 판단을 칸트는 감식 판단 [Geschmacksurteil][10]이라 하였다. 이는 인식 판단[Erkenntnisurteil]이나 도덕적 판단[Moralischesurteil]과는 전혀 다른 선험 원칙에 따라 구성되는 것으로서 형이상학적 규정성에서 벗어나 있는 것이다. 우리가 '이 대상 x는 아름답다'라는 판단을 내렸을 때 우리의 인식 능력과 인식 대상이 맺는 관계를 살펴보도록 하자. 여

---

10 기존의 연구들은 이 용어를 '취미'라고 번역하고 있다. 나는 영어로 taste 라고 번역되는 독일어 Geschmack을 '취미' 이른바 영어의 hobby로 이해될 수 있는 한국어로 옮기는 일이 망설여진다. 독일어 단어 Geschmack을 '맛의 차이를 분별하는 능력'이라는 뜻으로 풀어서 '감식력'으로 이해하고 이를 바탕으로 Geschmacksurteil을 '감식 판단'으로 번역한다. 한편 옌스 쿨렌캄프 [Jens Kulenkampff]는 Geschmack을 '가치를 부여하면서 판단하는, 선택하는 기관'이라고 이해한다. "Daß der Geschmack die Instanz einer wertenden Beurteilung, einer Wahl ist,[...]" In: 옌스 쿨렌캄프[Jens Kulenkampff], Kants Logik des ästhetischen Urteils, Frankfurt a.M. 1994, S. 15, 참조. 우리말 '취미' 로는 이 '가치 부여'하는 면모가 살아나지 않는다.

기에서는 대상으로부터 우리의 인식 능력이 취해서 들어 올린 표상이 판단 주체인 우리의 의식에만 머물 뿐 존재로 확장되어 경험적[empirisch]이거나 도덕적[moralisch]인 귀결을 불러일으키지 않는다. 인식 행위의 이러한 '탈 형이상학적' 귀결을 칸트는 감식 판단이 다른 판단들과 구별되는 결정적인 요인으로 확정하였다.

두뇌의 의식 활동이 자연 대상 혹은 선과 악을 식별하기 위한 형이상학을 구축하는 데로 나아가지 않고 의식 활동 자체를 '검열'하는 데 머물기 때문이다. 아름다운 대상을 마주하였을 때 한해서 성공적으로 수행되는 인식 능력의 자기 검열을 위해 우리의 두뇌는 미적 판단력을 활동시키며, 감식 판단은 이 능력이 나름의 선험 원칙에 따라 내리는 판단에 해당한다. 이성의 자기 성찰이라는 측면에서 일컬어지는 칸트 비판 철학의 기획은 자기 활동의 독자적인 관할 구역[Gebiet]을 확보하고 있지 않은 판단력에서 정점을 이루게 된다.

그런데 미적 대상들이 지닌 이러한 독특성에 주목하면서 칸트가 내세운 철학적 의도는 이 '주관적인' 판단이 여전히 보편 타당성을 확보하고 있다는 사실을 논증하는 것이었다. 『판단력 비판』을 통해 비판 기획을 완성하면서 그는 개별 주체의 의식이 우주적 질서에 조응하는 구조를 밝혀내었다. 칸트의 철학적 미학이 독일 문학과 예술의 발전 과정에서 하나의 새로운 이

정표를 세웠다[11]고 이야기되는 까닭이 여기에 있다고 여겨진다. 바로크의 예술 그리고 계몽주의 미학과도 결정적으로 구분되는 요인들이 이론 구성을 이끌고 있기 때문이다. 칸트의 개인적인 발전에서 보면, 초기 버크, 흄 등의 영향으로 경험적이고 심리적인 관점에서 미적 현상을 파악하다가[12] 자신의 철학 체계를 완성하는 중요한 고리로 끌어들인 변화를 볼 수 있다.[13] 『판단

---

11 쉴러는 칸트의 저작들을 집중적으로 탐구한 긴 연구 기간을 가졌으며, 괴테 또한 칸트의 영향을 받았다. 낭만주의 예술론 역시 칸트의 미학적 기초에서 출발한다고 볼 수 있다.

12 비판 시기 이전인 1764년에 쓰인 『조화미와 숭고의 감정에 관한 고찰 [Betrachtungen uber das Gefühl des Schönen und Erhabenen]』은 버크의 심리학적 경험적 미학에 경도되어 있다. 그리고 『순수 이성 비판』에서 이성 원칙들하에 미적 현상에 대한 비판적 판정을 내리려 하였던 바움가르텐 [Baumgarten]의 시도가 잘못된 것이었음을 지적하면서 그 이유는 여기에 적용된 규칙 혹은 기준들이 경험적일 뿐, 결코 선험 법칙들로 되어질 수 없기 때문이라고 하였다.(『순수 이성 비판』 Hamburg 1990, S.64-65. 각주 참조) 연구자들은 칸트의 이러한 견해가 이미 『순수 이성 비판』 제2판에서부터 수정되기 시작한다고 밝힌다. 1781년의 제1판과 1787년에 출간된 제2판은 여러 대목을 명백하게 차이가 나도록 쓰고 있다. 따라서 1926년에 Raymund Schmidt가 이 두 판본을 페이지별로 나란히 마주 보도록 편집하여 내놓은 이후, 서로 비교 검토가 가능한 이 판본이 오늘날 통용되는 『순수 이성 비판』으로 되었다.

13 라인홀트[Reinhold]에게 보낸 1787년 12월 28일자 편지는 이러한 변화

력 비판』은 미적 판단력[ästhetische Urteilskraft]과 목적론적 판단력[teleologische Urteilskraft] 두 능력을 아우르고 있지만, 이 글에서 나는 미적 판단력에 우리의 관심을 한정하고자 한다. 무엇보다 판단력이 연결 고리로 자리 잡는 사정을 이해하고 싶기 때문이다. 미적 판단력이 주어진 표상을 인식으로 조직해 낸 두 양태인 조화미[das Schöne]와 숭고[das Erhabene] 중에서도 주로 조화미를 중심으로 살펴볼 것이다. 이 미적 범주를 설명하는 과정은, 범주의 발생 자체가 칸트 철학의 독특성과 맞물려있기 때문에 그의 철학적 개념들을 '차별적으로' 설명하는 일이 된다.

3. 감식 판단의 탈 형이상학적 경험[Erfahrung] 구성

칸트의 제3비판서에 대한 '철학적인' 연구들은 많은 경우 칸트의 체계 구상이 해결하기 어려운[aporetische] 계기들을 다수 포함하고 있다고 서술하고 이를 연구의 출발점으로 삼는다고 밝힌

를 알려주는 중요한 기록이다. 칸트는 자신이 요즈음 감식력 비판[Kritik des Geschmacks]에 몰두하고 있는데, 이제까지와는 다른 종류의 선험 원칙이 발견될 것이라고 적고 있다. 좋고 싫은 감정[Gefühl der Lust und Unlust]이 독자적인 인식 능력으로 여타의 능력들과 나란히 언급되고 있다. 헬가 메르텐스[Helga Mertens], 앞 책, 11~12쪽에서 재인용.

다. 칸트의 비판서들이 지닌 상호연관성을 밝히는 가운데 제3 비판서가 이성 비판의 체계를 완성하는 데 어떤 기능을 담당하는가를 추적해 나간 메르텐스는 칸트가 무리하게 통일된 원칙을 가다듬느니 차라리 사안이 조금씩 다른 모습을 띠고 드러나게 둔 점을 높이 평가한다. 칸트의 체계 관념[Systemgedanke]이 정리되어 이미 이야기가 끝난 옛것으로 대접받지 않을 수 있는 까닭을 그녀는 이처럼 어긋나 보이는 문제들을 해결하려는 칸트의 노력이 내심 앞뒤가 맞는 설명들을 이끌어 내기 때문이라고 보았다.[14] 이러한 관점에 의지하여[15] 특별히 『첫 번째 서문』을 세

14　헬가 메르텐스[Helga Mertens], 앞 책, 「서언Vorwort」 참조.

15　이러한 연구 방법을 택하면서 메르텐스는 그러나 동시에 칸트의 체계 개념에 대한 논리적 회의를 동반하지 않은 자신의 연구가 지닌 문제점을 지적한다. 다양한 의미망 가운데 들어 앉아 있는 칸트의 체계 개념을 이 논리적 일관성[Schlüssigkeit]이라는 단 하나의 관점으로 고찰하는 자신의 방법론이 사안의 여러 다른 측면들을 옆으로 제쳐놓게 될 것이라고 인정하였다. 이러한 균형 감각을 '철학적'인 연구에서 발견하기는 쉽지 않은 일이다. 논리적 정합성에서 출발하여 철학적 문제들을 해명해나가는 옌스 쿨렌캄프[Jens Kulenkampff]의 연구와 크게 차이를 보이는데, 이처럼 이른바 논리적 일관성에 대해 열려진 태도가 메르텐스로 하여금 칸트의 문제 의식을 중심으로 연구를 진행할 수 있도록 하였다고 보여진다. 칸트가 고심하였던 점은 다름이 아니라 철학의 체계 즉 인간 이성의 체계적 구조를 추적하는 일과 자연 경험의 체계적 통일성 사이에 놓여 있는 내적, 논리적 연관성이었던 것이다.

밀하게 추적해 나간 끝에 메르텐스는 이성의 체계[das System der Vernunft]라는 말이 칸트에게서는 어떤 단일한 원칙에 따라 구성되는 것으로 이해될 수 없다고 확정한다. 칸트가 『첫 번째 서문』에서 서술하고 있는 바에 따르면 제3비판서가 문제를 삼고 있는 점은 다름이 아니라 이론 철학과 실천 철학을 집필하면서 칸트의 사유를 지배하였던 자연과 이성의 갈라섬[Differenz] 자체인 것이다. 이론 이성 능력과 실천 이성 능력이 하나의 근원으로 귀속될 수 없듯이 자연과 자유의 영역도 하나의 동일한 구조 법칙에 따르지 않는다는 사실은 이미 확정되었다.

이 움직일 수 없는 한계 지점이 바로 판단력이 수행하는 반성[Reflexion]의 출발점이다. 메르텐스는 결론적으로 실증적[faktisch]으로 주어진 규정들을 부정하는 가운데에서만 여타 실체[substanziell]의 존재 방식이 사유 가능하다는 점을 들어 이성 체계가 하나의 열려진 장[Feld]이라고 정의한다. 규정할 수 없는 이 장[Feld]은 주어진 소여들과 투쟁하는 가운데 역동적으로 전개되면서 때로 목적을 눈앞에서 놓치기도 한다. 예술과 자연의 美가 이처럼 자기 성찰하는 이성의 여정에 길 안내를 맡는다.[16] 그런데 이성 비판을 마무리하는 칸트의 미학을 이성의 초월적 자기 지시로 이해하는 이러한 견해는 아도르노에 의해 본격적

---

16   메르텐스, 앞 책, 230~234쪽 참조.

인 미학 이론으로 발전된 바 있다. 아도르노는 예술과 문학의 자율성을 옹호하면서 이를 자본주의 세계 체제 속에서 이성이 진리를 추구하는 과정에서 감당해야만 하는 긴장, 즉 이성이 결국 '야만'으로 전복되는 그 '도구화'된 경로에 제동을 걸 수 있도록 스스로를 감시하고 자기를 통제해야 한다는 당위적 요청에 따라 정당화하였다.[17]

엔스 쿨렌캄프는 정반대의 순서로 연구를 진행한다. 이른바 '생각을 많이 하게 하는[soviel zu denken veranlasst]'[18] 판단력을 다루고 있는 이 책(『판단력 비판』)을 미적 판단력의 논리[die Logik des ästhetischen Urteilskraft]를 중심으로 분석하겠다고 밝히면서, 이 주제가 책에서 온전하게 드러나지 않는다고 진술한다. 다른 사유와 고려 사항들로 중첩되어 정작 중심 줄거리는 묻혀버리

---

17 아도르노는 현대 세계에서는 철학이 진리에 대해 무능해졌다고 밝히고, 예술만이 철학의 도움을 받아서 진리에 접근할 수 있다고 하였다. 논리적 정합성을 근본적으로 불신하는 아도르노는 『부정 변증법』에서 전통적인 철학 방법론인 변증법이 거짓 명제를 도출하도록 이끈다고 주장한다. 『미학 이론』은 실증명제에서는 실종된 진리를 어떻게 하여 우리가 예술이 지시하는 방향으로 눈을 돌림으로써 다시 가능한 것으로 눈앞에 떠올릴 수 있는가를 말해준다. 「자연 조화미」 부분은 전적으로 칸트의 이론에 의지하고 있다.

18 KdU, Hamburg 1990, S. 169.

기 일쑤라고 서술상의 부적절함을 지적하였다.[19] 그리고는 자신의 언어로 문제를 다시 설정한다. 즉 판단[Urteil]이란 인간이 타고난 합리성[Rationalität]의 징표로서 미적 판단도 여기에서 예외일 수 없다. 미적 판단의 논리 문제는 따라서 미의식[ästhetisches Bewußtsein]이 지닌 이성적 성격을 묻는 문제이며, 이 문제에 대해 답하는 일은 세계에 대한 미적 연관이 다른 형태의 합리성과 어떤 관계를 맺느냐에 관한 문제를 해명하지 않는다면 불가능해진다.[20] 이런 문제의식에 따라 쿨렌캄프는 미적 판단력을 인식과 도덕성, 자연과 윤리의 문제라는 두 측면에 거듭 번갈아 가며 대결시켜 그 본질을 규정하려는 칸트의 서술을 따라가 보겠다고 연구의 목표를 명시하였다. 이 연구는 여러 대목에서 칸트의 서술이 논리적 난관에 봉착하게 됨을 '폭로'한다. 쿨렌캄프는 칸트의 서술대로 따지자면 자연에서 자유로의 이행을 수행하는 것은 판단력[Urteilskraft]이 아니라 사변적 이성[spekulative Vernunft][21]이 된다고 본다. 따라서 칸트의 체계 관념이 미적 판단

---

19   옌스 쿨렌캄프 [J. Kulenkampff], 앞 책, 11쪽.

20   같은 책 13쪽.

21   […], denn es ist nicht mehr mehr die Urteilskraft, sondern die über das Schöne in der Natur spekulierende Vernunft, die einen Übergang der Natur zur Freiheit macht, indem sie dem "Wink" der Natur erkennt, "sie enthalte in sich irgend einen Grund, eine gesetzmäßige Übereinstimmung ihrer Produkte

력을 이해하는 데 방해가 될 뿐이라고 하였다. 첫 번째 서문과 두 번째 서문이 서로 다른 강조점을 두고 작성된 것을 두고 메르텐스가 『첫 번째 서문』이 판단력이 대상을 처리 과정에 집중하여 모든 것을 그 기능으로부터 도출해내려는 경향을 보이는 반면 판단력이 판단을 내리는 객체에 대하여는 소홀해졌다[22]는 입장을 취하고 연구에 임한다면, 쿨렌캄프는 칸트가 이 두 서문을 조금씩 다르게 서술하면서 드러내려고 의도한 미적 판단력에 들어앉은 초감성계의 흔적[das übersinnliche Substrat]을 완전히 관심 밖으로 밀어낸다. 이에 따라 그는 체계적인 해석을 내리려는 사유 관성에서 벗어나 제3비판서를 읽어야만 미적 판단력의 합리성을 '논리적'으로 밝혀낼 수 있을 것이라고 주장하였다. 그가 보기에 무엇보다 「조화미 분석론」에 적용된 방법론이나 애초의 문제의식 모두 불가해한 것으로 드러나는 이상[23], 제3비판서는 그냥 하나의 새로운 인식 능력 발견이라는 범위에 한정하여

---

zu unserem von allem Interesse unabhängigen Wohlgefallen .. anzunehmen", und die deshalb "an jeder Äußerung der Natur von einer dieser ähnlichen Überstimmung ein Interesse nehmen" muß, das der 'Verwandschaft nach moralisch' ist. diesen Wink und Spuren nachzugehen, ist das gute Recht der Vernunft. 실린 곳: 옌스 쿨렌캄프, 앞 책, S. 21.

22 헬가 메르텐스, 앞 책, S. 144.

23 옌스 쿨렌캄프, 앞 책, S. 22.

수용되어야만 한다.[24]

이른바 철학적 '엄밀성'이 쿨렌캄프에서처럼 연구 대상을 논리적 일관성에 따라 재단하여 어긋나는 부분을 떼어내는 기제로만 활용된다면 칸트가 그토록 내세운 이성의 자기 성찰이란 한갓 허구에 불과한 것이 된다. 이미 써둔 서문(『첫 번째 서문』)을 본 책에 실린 이른바 두 번째 「서문」으로 다시 고쳐 쓰면서까지 본 책의 구상이 체계 관념에서 출발하고 있다는 점을 명시하는 칸트의 의도는 존중될 필요가 있다.[25] 그는 『첫 번째 서문』도 입부에서 철학은 이성 인식[Vernunfterkenntnis]의 체계[System]라는 제1명제에 따라 철학 자체가 순수 이성 비판과 동일시되지 말아야 한다고 명시한다.[26] 그리고 철학 체계가 형식과 질료에 따라 두 부분으로[in ihren formalen und materialen Teil] 나뉘고, 이 질료에 따르는 부분이 다시 객체와 이를 다루는 학문의 원칙의

---

24 쿨렌캄프는 인용된 저서의 「서문」에서 이러한 자신의 '새로운' 관점을 '논증'한다.

25 제3의 이성 능력인 판단력이 철학적 작업의 대상으로 될 수밖에 없는 까닭을 자신의 체계 구상에 따라 근거 짓는다는 점에서 두 서문은 공통점을 갖는다. 첫 번째 서문은 미적 판단력을 중심으로 중간자 판단력의 매개하는 활동을 설명하는 데 주력하고, 두 번째 서문은 자신의 체계 구상을 논증하는 목표에 좀 더 충실하다. 이 차이점에 관하여는 다음 장에서 논의한다.

26 EE, Hamburg 1990, S.3.

차이에 따라 이론 철학과 실천 철학으로 나뉜다고 분석한다. 이러한 철학 분류는 두 번째 서문에서 그대로 반복된다.[27] '판단력'이라는 또 하나의 새로운, 이론 이성이나 실천 이성과는 전혀 다른 이성 능력을 구명하려는 시도를 인간 이성 인식의 체계적 완결성을 강조하면서 시작하는 까닭은 바로 이 새로운 능력의 독특성에 있다.

인간이 이 능력을 보유하고 있어야만 하는 이유와 이 능력이 대상을 처리하는 방식은 앞장에서 서술한 인간이 인식하는 세계의 건축학적 구조로부터 설명된다. 이 능력은 자신에게 고유한 형이상학적 규정성을 지니는 두 이성의 활동을 이어줄 뿐이다. 이런 의미에서 독일어 동사 매개하다[vermitteln]가 사용되고

---

27 이 두 번째 서문의 첫 단락은 「철학의 분류에 관하여」이고 두 번째 단락은 「철학 일반의 영역에 관하여」이다. 『첫 번째 서문』에서 논구한 인식 능력들의 차이들을 대상 관할 구역들[Gebiete]의 분화에 대응시켜 논구한 끝에 결국 '상급 영혼 능력들의 표[Tafel der oberen Seelenvermögen]'(S.36)를 작성한다. 여기에서 셋으로 나뉜 인간의 영혼 능력들(인식 능력[Erkenntnisvermögen], 좋고 싫은 감정[Gefühl der Lust und Unlust], 욕구 능력[Begehrungsvermögen])이 인식 능력들(오성[Verstand], 판단력[Urteilskraft], 이성[Vernunft])과 선험 원칙들(합법칙성[Gesetzmäßigkeit], 합목적성[Zweckmäßigkeit], 궁극 목적[Endzweck])에 서로서로 조응 관계를 이루어 셋으로 나뉜 분야들(자연[Natur], 예술[Kunst], 자유[Freiheit])에 적용된다. 3중주로 이루어진 전체라는 의미에서 Trias 혹은 Triade라고 지칭된다.

있으며, 현상계에서는 인식하기 불가능한 물자체의 세계에 인간의 의식이 경험적 인식과는 '다른 방식'으로 관련되어 있음을 드러내 준다. 일반적으로 현실적 경험과는 구분되는 미적 체험에 대해 언술할 때 우리가 지시하는 '현실을 넘어서는 그 무엇'은 칸트의 미학에 따르면 현상계에 드리워진 '물자체의 흔적'에 해당된다. 자연 대상물은 이론 이성이 형이상학적 규정성을 지니고 현상계의 사물을 객체화해낸 결과물이므로 실천 이성의 형이상학적 규정에 따르는 도덕적 행위들과 주체의 의식 속에서 서로 어긋나기만 할 뿐이다. 인간의 '이성적' 사유는 이처럼 주체의 분열을 형이상학적 강령에 따라 실행한다. 판단력의 매개 활동을 통해서만 주체는 내부의 분열을 극복하고 정체성을 구성할 수 있다.

이러한 주체 구성[Subjektbildung]이 가능해지는 것은 이성이 형이상학적 규정성에서 벗어나 자기 성찰의 비판 활동을 수행할 때뿐이다.[28] 이처럼 주체의 정체성 형성과 세계 인식의 통일

---

28 이때 이성은 형이상학적 원칙에 따르지 않고 초월적 원칙에 따라 사물을 불러내어[hervorbringen] 질서를 수립한다. '초월적 원칙'과 '형이상학적 원칙'을 칸트는 다음과 같이 구분한다. 'Ein transzendentales Prinzip ist dasjenige, durch welches die allgemeine Bedingung a priori vorgestellt wird, unter der allein Dinge Objekte unserer Ekenntnis uberhaupt werden konnen. Dagegen heißt ein Prinzip metaphysisch, wenn es die Bedingung a priori

성이라는 관점에서 프리드리히 카울바흐[Friedrich Kaulbach]는 미적 세계 인식[ästhetisch Welterkenntnis]이라는 화두로 제3비판서를 해설한다.[29] 여기에서 그는 칸트 사상의 역동성을 '초월하는 움직임[transzendentale Bewegung]'의 관점에서 고찰함으로써 쿨렌캄프가 빠져버렸던 논리 중심성에서 벗어날 수 있었다. 판단력이 행하는 이성의 자기 성찰 활동을 중심에 놓고 칸트가 구상하는 세계 인식 구조를 체계적으로 서술해나감으로써 '미적[ästhetisch]'이라는 단어의 의미가 제구실을 한다.

바움가르텐[Baumgarten] 이래로 발전해온 독일의 철학적 미학이 좁게 이해된 철학으로서의 인식론의 틀[30]에서 벗어나는 결

---

vorstellt, unter der allein Objekte, **deren Begriff empirisch gegeben sein muß,** a priori weiter bestimmt werden können.' In: KdU. S. 17-18. 강조는 필자. 미적 대상을 마주하였을 때 주체 안에서 일어나는 감정의 움직임이야말로 경험적으로 주어진 개념에 따르지 않고 대상의 실체를 파악하게 되는 전형적인 경우가 된다. 칸트가 인간에게 심어진 독자적인 능력으로 분류하고는, 이를 반성적 판단력[reflektierende Urteilskraft]이라 한 것이다. 이 독특한 능력에 대한 설명으로는 프리드리히 카울바흐 앞 책, S. 47 참조.

29 "Absicht dieses Buches ist der Nachweis, daß in der Lehre Kants von der ästhetischen Urteilskraft der Gedanke einer spezifisch ästhetischen Form des Welterkenntnis enthalten ist." 카울바흐, 앞 책, S. 7.

30 감각적 인식의 완성[Vollkommenheit(Vervollkommung) der sinnlichen Erkenntnis]이 미학의 목표라고 설정한 바움가르텐은 완전하게 인식으로 성

정적인 계기를 바로 칸트의 미학은 제공한다. 칸트는 이성의 자기 초월 능력이 인간의 인식 능력에 또 다른 하나의 전망을 열어준다는 결론에 도달할 수밖에 없었다.[31] 그리고 그는 이 전망에 따라 질서가 구성되도록 우리의 인식 능력이 형이상학적 원칙에 따라 규정할[bestimmen] 때와는 다르게 움직이는 경우가 있다는 사실을 발견하였다. 무엇보다도 중요한 사실은 여기에서도 특정한 원칙이 적용된다는 점이다. 우리가 대상을 '경험적

공하게 된 경우를 미[Schönheit]라고 하는 가운데 추[Häßlichkeit]라는 대립 개념을 설정한다. 그리고 이 美, 醜라는, '논리적으로 잘 구분이 되지 않는' 표상들의 집합체를 구별해내는 일을 위해 사유의 일관성, 질서, 표현 수단들의 통일 등을 내세운다. 이렇게 하여 그는 독일 계몽주의 운동의 일환이었던 '감성 복권' 움직임에 따라 감각소[das Sinnliche]의 독립성을 인정하기는 하였지만, 볼프C. Wolff의 체계에 미학이라는 하나의 분과를 보태는 데 그쳤다는 평가를 받는다. 감각소가 논리소[das Logische]에 종속되는 한에서 인식론적 위상을 부여받아 철학적으로 인정되고 있기 때문이다. 이 주제에 관하여는 알렉산더 바움가르텐[A.G. Baumgarten], Theoretische Ästhetik, Hamburg 1988, S. 11. 이하 그리고 이순예 [Shun-ye Rhi], Aporie des Schönen, Bielefeld 2002, S. 25. 이하 참조

31 이 점이 바로 세3비판서를 그의 체계 구상에 따라 이해해야 하는 이유이다. 칸트는 절대로 귀납적인 사유를 하지 않았다. 그는 '경험 법칙들의 집합체 [Aggregat]에 하나의 체계로서의 연관성을 부여하기 위하여' 자연이 주체와 관련을 맺는 방식에 근거하여 활동하는 판단력이 있어야 한다는 당위론을 편다. EE, Hamburg 1990, 12쪽 참조.

[empirisch]'으로 '인식[Erkenntnis]'할 때 이루어지는 인식 능력의 활동을 칸트는 '규정[Bestimmung]'이라고 하였는데, 지각으로 들어 올려진 표상[Vorstellung]이 보편 개념의 규정성에 종속된다는 의미이다. 이 개념에 따른 논리적 인식은 궁극적으로는 오성의 일이다. 그런데 판단력이 일구어내는 전망에 따라 사물을 마주할 때 우리의 인식 능력은 전혀 다르게 활동한다. 이른바 반성함[Reflektieren]이라는 활동인데 칸트는 주어진 표상을 개념에 맞추어 재단하지 않고, 다른 표상들과 혹은 다른 인식 능력들과 수평적인 관계를 유지하면서 서로 비교하는 경우라고 정의하였다.[32] 이런 활동을 하는 우리의 인식 능력은 긴장 관계에 처할 수밖에 없는바 개념의 규정 능력과 감성의 수용 능력이라는 서로 이질적인 두 능력이 균형 상태를 이루고 있어야 하기 때문이다.

감식 판단을 내리는 미적 반성 판단력[ästhetische reflektierende Urteilskraft]의 경우에는 선험 직관 능력으로서의 구상력[Einbildungskraft]과 개념 능력으로서의 오성[Verstand] [33]이 그 어

---

32 EE., Hamburg 1990, 17~18쪽 참조.

33 "Wenn nun in dieser Vorstellung die Einbildungskraft (als Vermögen der Anschuung a priori) zum Verstande (als Vermögen der Begriffe) durch eine gegebene Vorstellung unabsichtlich in Einstimmung versetzt und dadurch ein Gefühl der Lust erweckt wird, so muß der Gegenstand alsdann als zweckmäßig für die reflektierende Urteilskraft angesehen werden." In: KdU, Hamburg 1990,

떤 것의 우위도 인정하지 않으면서 균형 상태에 도달하기까지 서로가 서로를 활성화한다고 설명된다.[34] 이른바 독일의 철학적 미학에서 중심을 이루는 반성 구조 형성[Reflexionsbildung]이라는 개념이 인식 능력들 사이의 역학 관계로 분석되고 있다. 이처럼 인식 활동에서 인식 능력들 사이에 특정한 관계를 이루어내는 일 자체가 원칙으로 되는 경우를 칸트는 합목적성[Zweckmäßigkeit]에 따르는 이성 활동이라 하였다. 이 원칙 역시 선험적으로 우리의 인식 능력에 주어져 있다. 따라서 이 원칙에 따라 발생하는 사물들 역시 특정한 질서를 이룬다. 오성 범주에 따라 경험 세계인 현상계에 형이상학적 작용력을 행사하는 개념에 판단 근거를 두지 않는 판단력은 미적 대상을 마주하였을 때 주체의 마음 상태를 근거로 판단을 내린다. 아름다운 사물은 이를 마주한 인간에게서 인식 능력들 즉 구상력과 오성이 개념의 규정성에서 벗어나 서로 균형을 이룰 때까지 스스로를 고양하도록 자극한다. 마침내 균형을 이루면 주체는 쾌감으로 반응한다. 그리고 주체는 자신의 정서적 반응을 '아름답다[schön]'라는 숙어로 사회화한다.[35] 제3비판서 중 첫 부분인 「그 회

S. 27.

34 프리드리히 카울바하, 앞 책, S. 55. 참조.

35 이 역학에 대한 좀 더 자세한 설명은 이순예, 「아도르노의 미학과 서구

미 분석론Analytik des Schönen」은 이 독특한 감식 판단의 역학을 감각적 안락함이 주는 만족[Wohlgefallen am Angenehmen]을 확인하는 감관 판단[Sinnurteil]과 선한 행위가 주는 만족[Wohlgefallen am Guten]을 근거로 하는 도덕적 판단과 비교, 분리하는 내용으로 채워져 있다. 이 서술이 목표로 하는 바는 감각에 매몰되지도 않고, 개념의 규정으로부터도 벗어나서 비로소 다다르게 되는 구상력과 오성의 긴장된 균형 상태가 무엇보다도 오성의 활동 반경에 물자체의 흔적이 들어섰다는 증거가 아닐 수 없다는 사실을 드러내는 일이다. 여기에서 별개인 두 개의 세계가 통일을 이룬다고 말할 수 있게 되는 것이다. 그런데 판단 근거가 쾌감[Gefühl der Lust]이므로 인식 활동의 결과는 주체의 내부에만 존재하게 된다. 자연계에 어떤 영향을 행사하여 가능한 경험[mögliche Erfahrung] 관할 구역에 작용을 미치는 일은 일어나지 않는다. 결국 물자체의 세계와 현상계는 단지 주체의 내면에서만 이어지게— 특정한 미적 대상을 마주한 주체의 두뇌에서 인식 능력들이 반성 구조를 형성하는 데 성공하는 경우—될 뿐이다. 바깥 세계는 주체가 정신적으로 고양되어 아름다운 대상에 희열[Wohlgefallen am Schönen]을 느끼는 순간에도 여전히 분열된 채로 남아 있다. 따라서 미적 대상 자체가 통일을 이룬다고 말할

시민문화」, 실린 곳, 『독일학 연구』 제10집, 2001, 88~89쪽 참조.

수 없음은 분명하다.

칸트의 자연 조화미[Das Naturschöne] 논의에 따르면 자연이 아름다운 대상을 잉태하는 것은, 그리고 인간에게 감탄하는 능력을 부여한 까닭은 즐기는 가운데 세계 상태의 분열을 넘어서는 의식 활동을 하라는 신호이다. 자연법칙들이 현상계를 구성하면서 속속들이 갈라놓은 사물의 속성들, 그 한계와 구분에서 잠시 시야를 돌려 아름다움에 몰두할 때 우리는 정신 능력을 자연 대상물들을 인식할 때보다 한 차원 더 고양시키게 되고, 그 가운데 물자체의 세계와 접촉하여 '내적 통일'이라는 독특한 경험을 맛본다. '낭비를 모르는' 자연이 경제적 효용성으로 따지자면 무가치한 미적 대상을 철저하게 자연법칙에 종속되는 사물들과 함께 창조하여 섞어놓은 까닭이 여기에 있다. 세계의 통일성이 인간의 의식 지평에서 사라지지 않도록 자연이 배려한 것이다.[36] 칸트는 이러한 경험을 하는 주체가 대상에 대하여 갖는 관심이 도덕적 관심과 유사성을 띤다는 점을 지적하는데,[37] 이렇게 하여 그는 미적 경험의 '특별한' 속성을 '논리적'으로 서술할 수 있었다. 여기에서 자연 사물을 인식하는 인식 능력들 즉 오성과 구상력을 사용하지만, 대상을 바라보는 관심 자체는 윤리적 선

36　KdU, Hamburg 1990, S. 152. EE, Hamburg 1990, S. 15.

37　KdU, Hamburg 1990, S. 152~153. 참조.

[Interesse am Sittlich–Guten]을 지향하는 것과 비슷하다고 설명함으로써 감식 판단이 자연계에서 초감성계로의 이행[Übergang]을 구성한다는 사실을 다시 한번 증명할 수 있었다.

자연이 눈짓하는 대로 아름다운 자연 대상을 따라 물자체의 흔적[Spur][38]에 빠져들어 가는 주체의 의식 활동이 미적 판단력의 독자적인 선험 원칙인 합목적성에 따르는 것으로서 대상의 실존[Existenz des Gegenstandes]에 대한 어떤 이해로부터도 벗어나 있다는 점은 「조화미 분석론」의 제1명제이다. 감식 판단을 하는 주체가 대상에 다가갈 때 간섭해 들어오는 이해관계는 대상에 대한 지적 관심뿐이다. 아름다운 꽃의 '경험적 쓸모' 때문이 아니라 꽃을 바라보았을 때 마음속에 일어나는 쾌감 때문에 우리가 꽃에 다가간다는 결론을 이끌어 내는 칸트의 분석은 이 쾌감의 독자성과 '또 다른' 질서 구성 방식을 이야기해 준다.

이 질서 구성은 앞에서도 언급하였듯이, 현상계와 물자체를 주체의 내부에서 연결한다. 따라서 그 결과는 주관적으로만 경험될 뿐이다. 인간의 지적 관심과 주관적 느낌이 조화로운 균형 상태를 이루었을 때 구성되는 이 질서는 대상 세계인 자연 사물들을 경험적으로 정리하지 않는다. 자연물에 의해 촉발되었으나 궁극적인 관심은 의식 활동의 자기 검열, 즉 구상력과 오성이 균

---

38   KdU, Hamburg 1990, S. 152.

형 상태에 도달하는 일에 성공하는가 아닌가를 판단할 뿐이다. '조화미' 범주는 따라서 경험 세계의 자연 대상물에 적용할 수 있는 개념이 아니다. 그러므로 자연에서 자유로의 이행과정을 주체의 내부 경험에서 찾지 않고, 자연이 우리에게 부여해 준 눈짓인 자연물에서 찾으려 한다면 이는 '형이상학적' 틀을 벗어나지 못한 사유라고 비판받아 마땅하다.[39] 철학자들이 '형식 논리적'으로 미적 현상을 재단하였을 때, 우리는 이런 오류를 드물지 않게 보게 된다.

---

39 쿨렌캄프가 자연 조화미의 경우, 자연에서 자유로 이행하는 과정을 수행하는 것이 판단력이 아니라 사변적 이성spekulative Vernunft이라고 단언하였을 때, 그는 철학적 사유를 형식 논리적 사유로 제한하는 오류의 전형을 보여준다. 그는 칸트가 이 경우 '자연의 눈짓'인 아름다운 사물을 '인식'함으로써 이행이 일어난다고 하였기 때문이라는 점을 들면서, 여기에서 새로운 관할 구역에 대한 사변Spekulation이 일어나기 때문이라고 논증하였다. 그의 주장은 이러하다. " …… denn es ist nicht mehr die Urteilskraft, sondern die über das Schäne in der Natur spekulierende Vernunft, die einen Übergang von der Natur zur Freiheit macht, indem sie den 'Wink' der Natur erkennt" 실린 곳: 쿨렌캄프, 앞 책, S. 21. 이 철학자는 감정의 독자성을 전혀 고려하지 않아, 자연에서 자유로의 이행이 머릿속에서가 아니라 마음속에서 확인된다는 사실을 간과하고 있다. 이에 따라 그는 칸트의 『판단력 비판』을 이른바 그의 체계 관념이라는 틀에 따라 읽는 것은 무리이며, 단지 색다른 인식 능력인 미적 능력을 하나 더 발굴하였다는 수준에서 이해해야 한다고 주장한나.

4. 『판단력 비판에 대한 첫 번째 서문』과 두 번째 「서문」

이성[Vernunft]은 그 성격상 건축학적-체계적[architektonisch-systematisch]이라고 생각하는 칸트는 학문으로서의 철학은 체계적 통일성[Einheit]이라는 면에서 우연적인 인식들의 '집합체[Aggregat]'와 구분된다는 입장을 견지하였다. 근세 철학의 전통에 충실한 그의 이와 같은 철학적 전제는 체계의 통일성 속에서만 인식들은 이성의 본질적인 목적이 충족되도록 도모하면서 이성의 이해가 관철되도록 할 수 있다는 생각에서 비롯되었다. 순수하게 선험적으로 인식하는 능력 모두의 총괄 개념[Inbegriff]으로 이해된 이성 자체가 하나의 체계적 구조를 이룬다는 사실에서 그 근거를 찾는 이러한 철학관은 인식들이 모여 이루는 체계적 전체가 이성 자체의 구조, 즉 체계로서 자신을 관철하는 이성의 구조를 반영하는 것이라는 명제를 내세운다. 이런 측면에서 고찰하였을 때 칸트의 비판 철학은 이성이 '건축학[Architektonik]'이라는 체계 구상의 묘를 써서 인식들을 가지고 하나의 건물을 쌓아 올렸다는 점을 밝혀낸 것으로 된다. 그런데 이성이 건물을 설계한 까닭은 인식들에 '학문[Wissenschaft]'이라

는 지위를 부여하기 위함이다.[40]

이성의 구조에서 철학의 체계가 도출되는 것이며, 인식 개체들이 속한 세계의 구조는 구성될 때 이성의 구조에서 출발한다는 이와 같은 칸트 철학의 출발점은 그 철학적 실행 방식 역시 규정한다. 이른바 초월 철학[Transzendentalphilosophie][41]으로 칸트는 '철학의 체계'와 '체계로서의 경험'을 매개하는 이성의 활동을 추적하는 것이다. 따라서 그의 저술들에서 '체계'라는 용어는 '인간 이성의 체계적 구조'를 찾아보려는 시도와 '자연 경험[Naturerfahrung]의 체계적 통일성' 사이에 분명 어떤 논리적 연관성이 존재한다는 철학적 전제를 거듭 새롭게 문맥에 끌어들이는 기능을 하게 된다.

---

40   헬가 메르텐스, 앞 책, 24쪽 참조.

41   '초월[Transzendental]은 선험자[das Aprioritische]를 경험에 적용할 가능성에 관한 그리고 이 경험과 경험 대상의 타당성에 관한 인식을 뜻한다. 더 나아가 가능한 경험의 전제, 경험에 (논리적으로) 선행하는 조건에 관계된 모든 것을 포함하기도 한다.' 루돌프 아이슬러, 칸트 사전[Kant Lexikon], S. 538. '초월 철학이란 초월 개념들의 체계를 일컫는 것으로서 분석적인 인식뿐 아니라 종합적이고 선험적인 인식 모두를 포함한다. 이 학문에는 단지 순수 선험 개념과 근본 원리[Grundsatz]들만이 포함되고 도덕성의 기초 개념들과 근본 원리들은 포함되지 않는다. 욕구나 기호, 감정 등은 경험적 근거를 지니고 있기 때문이다. 따라서 초월 철학은 순수하게 전적으로 사변적인 이성의 예지[Weltweisheit]이다.' 루돌프 아이슬러, 같은 책, S. 540.

이 초월 철학은 제1비판서인『순수 이성 비판』에서 일단 자연법칙에 따라 가능한 경험들을 오성의 구조에 상응하는 구조 속에서 체계화한다. 이러한 이성 구조에서는 보편 법칙들 [allgemeine Gesetzen]에 따라 오성 개념들[Verstandesbegriffe]이 전일적으로 관철되어진다.『판단력 비판』에서 '규정적[bestimmend]' 이라고 명시되고 있는 이성의 이러한 판단 행위[Urteilsakt]는 앞에서 이미 서술한 바 있듯이 가능한 경험의 체계를 구성한다. 그런데 우연과 일탈을 포함한 실질적 경험의 존재는 초월 철학의 체계 구상에서 보았을 때 자연과 이성의 관계를 근본적으로 의문에 붙이는 것이 아닐 수 없다. 오성 개념의 규정성에서 비켜나 있으나 우리 경험의 대상으로서 현상계에 존재하는 자연 대상들의 인식 가능성과 조건들을 다루는『판단력 비판』은 이러한 의문을 받아들여 이성의 구조 자체를 변화시킨다. 자연 경험의 구조와 이성 구조가 서로 상응되어짐을 '규정'이 아닌 다른 방식으로 이루어지는 이성 활동을 찾아냄으로써 밝히고 있기 때문이다. 이 새로운 이성 활동 역시 독자적인 선험 원칙에 따라 인식들을 하나의 체계로 구조화하며, 이 '규정되지 않는' 선험적 인식, 이른바 반성하는 이성 활동의 원칙이 제시하는 전망에 따르는 자연 경험 역시 체계를 이룬다고 논증된다. 결국 판단력으로 기능하는 이성의 체계와 보편자[das Allgemeine]의 입장에서 보면 우연이고 예외인 특수자[das Besondere]의 체계가 서로 상응하는 것으로 된다. 이런 측면에서 칸트의 제3비판서는 '제1비판서에서 수행한 초월을 한 단계 더 높은 차원에서 계속 추진해 나갔다.'[42]고 이야기되기도 한다. 여기에서는 직관적 직접성[anschauliche Unmittelbarkeit]에 철학적 개념이 언제나 조금 늦게 결합되는 특수자[das Besondere]의 문제가 우리 이성 활동의 원칙을 탐구하는 근거로 되었다.

여기 제3비판서에서 제기된 '특수 법칙에 따른 체계로서의 경험'이라는 새로운 철학적 화두는 『순수 이성 비판』과 『실천 이성 비판』에서 칸트의 사유를 이끌어갔던 자연과 이성의 분화라는 비판의 기획을 다시금 전혀 다른 차원에서 고찰하도록 한다. 이 새로 제기된 화두와 기획의 새로운 틀짜기를 강령적으로 기록하고 있는 저술이 바로 『판단력 비판에 대한 첫 번째 서문』이다.[43]

이 책은 파란만장한 운명을 겪었다. 연구자들 사이에서 집필 시기를 두고 논란이 분분한 이 저술은 분명 칸트가 자신의 비판 기획을 마무리하는 제3비판서의 서문으로 작성한 것이었다. 그런데 전자 출판자인 라가르데[François Théodore de Lagarde]에게 츨

---

42 헬가 메르텐스, 앞 책, S. 229. 참조.

43 헬가 메르텐스, 앞 책, 「서언Vorwort」 그리고 「요약Zusammenfassung」 참조.

판을 위한 정서본을 보낼 때 칸트가 다시 작성한 것으로 보이는 현재의 서문을 보내 이 책은 본 책에 실리지 않게 되었다. 그렇다고 칸트가 이 책을 정식으로 따로 출판하지도 않아 이른바 첫 번째 서문은 수고 상태로 오랫동안 로슈토크 도서관에 묻혀 있었다(Rostocker Handschrift). 여기에서 칸트의 심경 변화를 알 수 있게 하는 기록은 두 가지가 있다. 1793년 8월 8일 지난 날 자신의 제자였던 벡[Jakob Sigismund Beck]이 비판서들을 출간하겠다는 의사를 밝혀오자 이 책의 원고를 보내주면서 이를 보류하였던 까닭이 그 내용을 수정할 필요가 있었기 때문이 아니라 단지 너무 '구구절절하기 때문'이라고 하였다. 그러나 1790년 3월 25일 키제베터[Johann Gottfried Kiesewetter]에게 보낸 편지에는 서문의 내용을 좀 더 명확하게 할 필요가 있었다고 적었다. 벡은 칸트가 보내준 원고를 가필하지 않은 상태에서 분량만 약간 줄여 『판단력 비판의 서문에 대한 주해[Anmerkung zur Einleitung in die Critik der Urteilskraft]』라는 제목으로 출간하였다. 원본은 출판되지 않은 채 벡의 판본인 『주해』가 제목과 체제를 달리하여 칸트 전집에 포함되곤 하였다. 1889년 딜타이가 로슈토크 칸트 유고(첫 번째 서문 원본과 칸트가 벡에게 보낸 편지들 포함)에 주목하였던 적이 있었으나, 이 로슈토크 필사본에 근거한 『첫 번째 서문』의 출간은 1914년 카시러 칸트 전집에 와서야 비로소 실현된다. 현재 칸트의 저술들은 Original-Ausgabe와 Akademie-

Ausgabe(프로이센 학술원 [Preußischen Akademie der Wissenschaften] 편) 두 판본으로 나와 있다. 이 논문을 쓰면서 필자는 함부르크의 마이너[Meiner] 출판사가 펴낸 판본을 사용하였다. 이 책은 레만[Gerhard Lehmann]이 편집한 Akademie–Ausgabe이다.[44]

우리는 칸트가 직접 이야기한 '너무 구구절절해서'와 '명확성에 대한 요구'를 한 책에 대한 두 개의 서문들의 차이를 짚어볼 수 있는 화두로 삼을 수 있다. 실제로 '간추리겠다'는 칸트 자신의 언급은 출판자에게 보낸 편지에도 들어있다. 1790년 1월에 Lagarde에게 절반 정도 분량의 원고를 보내면서 나머지는 지금 정서하는 중이라고 밝힌 후 1790년 2월 나머지를 보냈는데 이즈음 보낸 편지들[45]에서 재차 「서문」은 줄여서 곧 보내겠다고 하였던 것이다. 1790년 3월 22일에 「서문Einleitung」과 「서언Vorwort」을 마저 보냈다. 이러한 연대기는 일단 『첫 번째 서문』의 집필 시기를 가늠하도록 하는, 1790년 3월 8일에서 22일 사이 자료들로 여겨지지만 내용적 연관성을 따져보면 꼭 명쾌하지만은 않다. 그래서 이 '분량을 줄이겠다'는 발언이 '기술적으

---

44   헬가 메르텐스는 이 책의 운명과 그 후 판본들에 대한 자세한 서지 정보를 자신의 연구서 말미에 부록으로 정리하였다. 풍부한 사료들을 동원하여 판본들을 둘러싼 논쟁을 체계적으로 분석하였다. 그리고 논리정연한 서술도 돋보인다.

45   1790년 9월 2일과 9월 3일에 라가르네에게 보낸 칸트의 편지 참조.

로 줄이다'만이 아니라 '간략하게 새로 쓰다'를 뜻할 수도 있다고 보아야 한다는 주장이 강력하게 제기되었다. 이 주장을 받아들인다면 본 책에 실린 두 번째 「서문」 집필 시기가 훨씬 앞당겨질 수도 있게 된다. 이런 연대기적 사료상의 부족함 때문에 집필 시기마저도 두 서문이 보여주는 강조점의 차이에서 이끌어 내는 연구자들이 적지 않다.

헬가 메르텐스의 서술에 따르면[46] 칸트는 1787년 말에서 1788년 초까지 원래 구상하였던 『감식 판단 비판』을 집필하였다. 1788년 후반 아마도 「연역론Deduktion」을 쓰던 중 계획을 바꾸기로 마음먹었다고 판단된다. 물론 이러한 변화는 『첫 번째 서문』에서도 읽을 수 있기는 하다. '서문이 좀 더 명확성을 띠도록 도모했다'는 칸트의 발언은 따라서 본 책의 「서문」이 자신의 구상을 일목요연하게 담도록 하겠다는 의지로 풀이될 수 있겠다. 실제로 두 서문은 강조점이 조금씩 다르고, 그에 따라 나름의 형식을 갖춘 완결된 논문들이다. 첫 번째 서문을 줄여서 두 번째 서문을 만들었다고는 전혀 말할 수 없다.

'구상의 변화'란 바로 『감식력 비판[Kritik des Geschmacks]』에서 『판단력 비판[Kritik der Urteilskraft]』으로 칸트의 마지막 비판서가 탈바꿈한 것을 말한다. 『감식력 비판』은 『판단력 비판』

46 헬가 메르텐스, 앞 책, 235~247쪽 참조.

의 「조화미 분석론」에 해당한다고 할 수 있는데, 여기에서는 미적 판단력의 반성 능력이 다른 비논리적 판단들에서와 달리 선험 원칙에 따르는 합리적인 이성 능력이라는 사실이 중점적으로 설명되고 있다. 그런데 『첫 번째 서문』이 이러한 내용에 대한 정리를 담고 있기 때문에 '구상의 변화에 따라 서문을 바꾸어 썼다'는 주장이 일리가 있게 들리는 것이다. 여기에서는 무엇보다 이 '별다른' 인식 능력이 필요한 이유가 논증되고, '온갖 다양한 것들'을 체계의 체험으로 들어 올리는 '합목적성 원칙 [Zweckmäßigkeit]'이 이성 인식의 체계라는 관점에서 도출된다.

또 전체 체계 구상에서 중요한 「숭고 분석론」과의 관련성을 『첫 번째 서문』에서는 찾기 힘들다. 물론 『첫 번째 서문』이 내세우는 미적 판단력의 '발견'이 마침내 '우리 안팎에 있는 초감성계의 흔적을 지적 능력을 사용하여 규정할 수 있음'[47]을 증명하는 것으로 나아가 결국은 칸트의 체계 구상을 마무리하게 되는 것은 사실이다. 그리고 『첫 번째 서문』 역시 이성 인식의 체계로서의 철학을 논증하는 것에서 시작하고 있어 체계 구상이 미적 판단력 발견과 밀접한 연관을 지님을 보여주기도 한다. 다만 이 책에서는 미적 판단력의 독특한 점을 밝히는데 주안점을 두어 우리가 어떤 판단을 내릴 때 인식 능력들이 반성 구조를 형성

47   Gerhard Lehmann, Zur Einführung, In: I. Kant, EE. S. XL.

하는[Reflexionsbildung] 과정을 대상을 규정하는 판단[bestimmendes Urteil]과 구분하는 설명이 상세하게 나온다. 반면 본 책에 실린 「서문」은 체계 구상을 전체적으로 드러내려는 뚜렷한 목적하에 각 항목들이 입체적으로 구조화되어 있다. 그중에서도 특히 자연과 자유를 하나의 통일된 전체로 묶는 이성의 선험 원칙인 합목적성을 다루는 항목은 칸트의 철학을 이해하는 열쇠가 된다. 이렇게 보면 이 두 서문은 결국 『판단력 비판』의 역동적인 내용을 이해하는 데 함께 기여한다고 할 수 있다.

칸트의 제3비판서는 두 서문과 더불어 인간 두뇌의 인식 활동을 총체적으로 밝히는 그 영원한 과정을 텍스트 속으로 끌어들여 해석의 풍부함이 인간 이성의 진보와 발맞추어 나감을 보여준다. 이들은 우리의 이성이 더욱 계몽되어야 함을 일깨워 준다.

5. '아름다운 것'의 제국

문학과 예술은 삶에 지친 현대인들을 위한 위안일 수 있지만 소비재일 수 없으며, 현실이 참담할 때 찬란한 이념을 제시하여 삶을 고무할 수도 있기는 하지만 여기에서 더 나아가 삶을 이념에 동화시키려 한다면, 그때 우리는 문학과 예술을 이야기할 수 없게 된다. '연예-오락'의 주문에서 벗어나 자신의 품위를 지키는 일만큼이나 예술은 변혁운동과 관계를 설정하는 고민에서도 남다른 분별심을 발휘해야 한다. 지난 몇십 년간의 역사 경험을 통해 그리고 특히 최근의 '반지성주의적 경향'에 직면하여 한국의 문학 연구자들은 어떤 식으로든 '왜 문학인가?'라는 실존적인 물음에 대한 대답을 마련해야만 하게 되었다.

필자는 독일 문학을 연구하면서 이러한 방식으로 문제가 제기되는 것이 근대화 과정, 그리고 그 과정에서 생기는 문제점들을 풀어가려는 의지와 무관하지 않다고 판단하게 되었다. 우리가 지금 고민해야만 하는 문학과 예술의 사회적 위상을 둘러싼 문제는 근대성 논의와 맞물려있다. 바움가르텐 이후 독일의 철학적 미학은 이 문제를 특수자와 보편자의 관계 문제로 정식화하였다. 독일 사회의 역사적 특수성 때문에 시민혁명이 일어나는 대신 고전철학이 집대성되었다는 '역사적 평가'에도 불구하고 근대 독일의 철학적 전통을 연구하는 일이 우리에게 필요하다고 생각하는 까닭은 여기에서 '근대적' 관계들의 원형이 철학적으로 논구되었다고 여겨지기 때문이다. 일례로 이른바 미적 대상들에 대한 주체의 관계 설정 문제가 산업화 과정에서 겪게 되는 인간의 자기 소외 문제를 고민하는 일환으로 자리잡는데, 그런데 이때 '독일적' 전통에 따라 '사회학적'이기보다는 '철학적'인 관점으로 접근하고 있기 때문에 근대 자본주의 사회 문제점을 설명하는 일반적인 틀인 '비예술적' 패러다임에서 벗어날 수가 있는 것이다. 실제로 '삶'이라는 인간적 현상을 사회과학적 사실 자료[Fakten]들로 모두 환원시킬 수 없다는 정황은 모든 인문과학의 출발점일 것이다. 그런데 문학예술은 여기에서 이 '환원되지 않는' 나머지인 인간 내면의 의식으로 행복을 기획하겠다는 프로그램을 내장하고 있기 때문에 그만큼 요구 수준이 높을 수밖에 없다. 독일 철학적 미학은 바움가르텐—칸트—헤겔로 이어지는 전통 속에서 이 복합적인 문제를 두고 다양한 정식들을 제출하였었다. 미적인 대상이 우리에게 '아름답게[schön]' 다가오는 까닭을 주체에게서 감성의 자발성이 감지되기 때문이라고 설명하면, 이는 이미 철학적인 문제가 된다. 그렇기 때문에 순전히 철학적 문제가 되지 못하고 미학의 문제가 되는 것이다. 이러한 문제의 복합을 독일의 철학적 미학 전통은 다양한 것들을 어떻게 질서 지워 온전히 제멋대로[willkürlich]인 것으로 남겨두지 않을 수 있는가 하는 물음으로 정식화하였다. 바움가르텐과 헤겔은 이성의 활동을 통해 논리소[das Logische]가 궁극적으로는 감각소[das Sinnliche]를 흡수해 들인다고 분석하였고 더 나아가 헤겔은 이 흡수 과정을 통해 절대자가 감각적으로 모습을 드러내는 것이라고 주장하였다. 칸트는 특수자에 들어있는 감각소와 논리소의 긴장 관계가 꼭 해소되어야만 질서를 구성하는 것이 아니라는 사실을 밝혔다. 긴장 자체가 우리의 의식 속에 사물들의 새로운 질서를 구축해나가는 퍼스펙티브를 열어줄 것이라고 하였다. 그런데 칸트에게서도 새로운 질서 속에 조화[48]롭게 들어앉은 '아름답고 다양한 것'들이 세계의 분열을 넘어서 통일을 이룬 한층 고양된 의식 활동에 대한 대응물의 성격을 띤다. 그에게서도 특수자의 문제는 어디까지나 철학적 문제였고, 철학적 체계를 완성하는 결정적인 고리가 되었다.

이성 비판을 체계로서 마무리 지을 『판단력 비판』의 전체적인 구상이 하나의 강령으로 처음 모습을 드러냈다고 여겨지는[49] 『판단력 비판에 대한 첫 번째 서문』은 특수자의 문제가 다른 어느 저술들에서보다도 심도 있게 다루어지고 있다는 점에서 문

---

48 조화[Harmonie]는 칸트의 『판단력 비판』에서 '대립적인 두 힘이 긴장 상태에서 이루는 균형'이라는 의미가 된다. 미적 대상을 마주하였을 때 지각되는 감성의 자발성이 우리의 지적 능력을 한층 고양시켜 개념적 사고에서 벗어날 수 있도록 이끌지만, 개념을 아주 버리지는 않는 상태를 뜻한다. 오성 개념[Verstandesbegriff]은 감성이 지나치게 일탈하여 우리의 의식으로 파악 불가능하게 될 정도로 나아가는 것을 막는다. 각자 나름으로 충분히 전개된 상태에서 균형을 맞춘다는 설명이다. 그리고 이 긴장은 우리에게서 정서적 반응 즉 쾌감[Gefühl der Lust]을 불러일으킨다. 칸트가 이러한 균형을 das Schöne라는 범주에서 정식화하고 있기 때문에 필자는 이 미학 범주를 '조화미'라고 번역하였다. Kant, KdU, S. 27. 참조. 이 범주는 이후 자연 조화미[Naturschöne]와 예술 조화미[Kunstschöne]로 분화되어 발전한다. 칸트의 저작에서는 자연 조화미가 집중적으로 논의된다.

49 헬가 메르텐스, 앞 책, 11쪽.

학 전공자들이 각별하게 주목할 필요가 있는 저서이다. 그리고 무엇보다 칸트 철학 체계 구상의 변화 과정을 직접 더불어 겪은 까닭에 이 책은 칸트 자신의 철학적 관심이 발생하고 성장 변화하는 과정을 우리가 직접 경험하도록 한다. 칸트는 워낙 예술품이나 문화적 현상에 별 관심이 없었다. 그런데 이 세상에는 '쓸모없는' 미적 대상들이 왜 존재할까 하는 철학적 물음에서 시작하여 일단 그것 역시 나름의 지적 판단 능력을 동원하여 이성의 체계에 상응할 만한 체험 체계를 이룬다는 사실을 발견하게 된다. 그리고 이 미적 판단력의 발견은 평생의 과업인 이성 비판을 하나의 통합된 체계로 마무리하는 대단원의 '완성'으로 나아간다. '다른 방식'으로 의식된 대상 세계로서의 '자연'과 오성 개념의 규정으로부터 자유로워져 '열려진' 의식의 망에 포착된 '자유'가 이러한 의식의 움직임 속에서 하나로 된다. 이 체계 완성의 시작인 새로운 능력의 발견을 『첫 번째 서문』은 논증한다. 우리는 이 책에서 특수자의 '또 다른[eine andere]' 질서 수립 역학을 알게 된다. 이 반성 구조 형성[Reflexionsbildung]은 주로 보편 원칙에 따라 규정하는[bestimmen] 인식 활동과의 차이 속에서 설명된다. 우리가 대상을 인식한다는 것이 도구적 사용을 위해서만이 아니라 무언가 다른 인간적 가치를 추구하기 위한 새로운 전망 모색에도 기여해야 한다는 '현대적' 비판 기획은 여전히 독일의 프랑크푸르트학파가 이어받아 발전시켜오고 있다.